KB271734

세대 간의 전쟁

Le papy-krach

베르나드 스피츠 지음 | 박은태, 장유경 옮김

Le papy-krach

by Bernard Spitz

클라라,

위고, 그리고

동시대의 모든 이들에게

"부자는 (사회적 파산에 대해) 변명의 여지가 없다."

"나는 전율한다. 그리고 나는 고백한다.
사람들이 결국 현재의 기쁨만을 맹목적으로 추종하고
있는 건 아닌지…….
자신과 다음 세대가 미래에 얻게 될 이익이 사라지고
있는 건 아닌지…….
미래를 재건하기 위해 필요한 민첩하고 힘찬 노력을
하기 보다는 힘없이 자신의 운명을 따라가는 쪽을 택
하고 있는 건 아닌지…….”

Alexis de Tocqueville

De la démocratie en Amérique (1840)

Ⅰ, Ⅱ, 21.

추천문

지금처럼 세계가 어수선하고 변화가 빠른 적이 없었던 것 같다. IT의 발달로 세계는 하나로 엮어지고 세계화로 지구는 "평평해"져 있다. 정보의 유통이 빨라지면서 세계는 일일 생활권으로 바뀌었고, 이는 지구 반대편의 서울과 뉴욕을 동조화(synchronize)시켜 중간지대(middle ground)를 없애고 있다. 정보의 공유도 마찬가지 현상을 불러일으킨다. 인터넷으로 인해 이제는 모두가 동일한 정보획득 능력을 갖게 되어 각자 결론을 내리더라도 유사한 정보를 토대로 점차 결론의 다양성이 보장되지 못하고 있다.

세계화, 정보화, 또 거기에 자본주의의 확산으로 인한 양극화 현상이 우리 주위 도처에서 나타나고 있다. 물리적인 양극화는 인력(引力)을 유발하지만 사회적인 양극화는 대립과 갈등을 유발한다. 사회적인 양극화 문제는 세대 간의 측면에서도 나타나고 있다. 일본을 비롯한 많은 선진국에서 고령화가 빠르게 진행되고 있다. 이는 그 동안 유지되어 오던 사회질서를 근본적으로 뒤흔들고 있다. 노령인구의 숫자가 상대적으로 많아 정치, 경제, 재정, 사회, 복지 등 모든 분야에서 연령대 간의 기존의 균형이 깨지고 상대적으로 젊은 층이 져야 할 부담이 급속도로 증가하고 있다.

한 은퇴자의 사회보장 연금을 네 젊은이가 책임지던 것이 50년 후에는 두 젊은이가 한 명을 책임지게 된다. 사회의 고령화로 젊은이들은 더 큰 재정적인 부담을 짊어지게 되고, 정치나 사회의 주도권은 상대적으로 숫자의 우세를 갖게 된 고령자들이 쥐게 되면서 젊은이들이 설 곳은 점점 좁아지고 있다.

세대 간의 질서가 새롭게 재편되면서 그 사회적인 책임이 증가하고 이것이 세대 간의 갈등으로 이어지고 있다. 이러한 속성은 현재의 갈등 문제를 해결하지 않고 미룸으로써 후세의 부담으로 남겨 두는 것이다. 환경문제와 사회적·국가적 부채 문제가 그렇다. 지구온난화는

1997년 '교토의 정서'에 명기된 바 있으나 그 후 선진국들이 아무 조치도 취하지 않고 10여 년의 세월만 흘러갔다. 소위 지구의 허파라고 불리는 브라질의 아마존 정글이 개발로 인해 훼손되고 소멸되어도 선진국들은 이를 브라질의 책임으로만 돌릴 뿐 근본적인 해결엔 나서지 않고 있다.

이 모든 것이 차세대의 책임으로 남게 되면 지금 호미로 막을 문제를 가래로도 막지 못하게 될 것이다. 세계에서 가장 낮은 출산율로 빠르게 고령화되고 있는 우리나라로서는 세대 간의 갈등 문제가 더욱 시급한 사안으로 다가온다. 이대로라면 은퇴한 노인을 부양하기 위한 젊은이의 재정부담이 유럽에 비해 50%나 더 부담하게 된다.

근 1세기에 걸쳐 경제체제의 양대 경쟁에서 공산주의가 붕괴되어 자본주의의 일방적인 승리로 보였던 세계 경제 질서가 미국 발 불량대출 문제의 발단으로 기본적인 재편을 피할 수 없게 되었다. 이것은 곳곳에 내재되어 있던 근본적인 문제를 해결하지 않고 외면해 온

필연적인 결과이다. 세상에 공짜란 없다.

만성적인 국제수지 적자를 차입으로 메우는 미국의 안일한 접근 방식이 한계에 부딪힌 것은 당연하다. 이번 경제위기는 세계화를 통해 교역 장벽을 낮추고, 자국민의 구매력을 높이기 위해 싼 임금을 찾아 생산기지를 옮겨 투자 상품의 리스크를 연쇄적인 파생상품으로 분식하는 경영으로는 당면 문제를 해결할 수 없다는 것이 입증되었다.

이와 같이 우리는 이 세대의 숙제를 다음세대에게 넘겨주는 우를 범해서는 안 될 것이다. 더 이상 후세의 안녕을 담보로 지금의 문제를 덮고 어물쩍 넘어가서는 안 된다.

프랑스의 지성 베르나르 슈펏츠의 "Papy-Krach" (할아버지의 부도)는 현대 사회의 시한폭탄인 세계화, 정보화와 고령화로 인한 세대 간의 갈등을 부각하여 분석하고 그 전망을 제시하고 있다. 저자인 베르나르 슈펏츠는 일찍이 르몽드 지의 기자로서 사회적, 시대적 제반 문제를 다루었고 세계적인 미디어그룹인 비벤디 유니버

셜의 전략담당 임원으로 오늘날 화두인 문화 콘텐츠 분야에서 해박한 지식을 쌓아 왔으며, 항상 새로운 해법을 탐구하는 프랑스 엘리트이다. 본인은 2002년 KTF 사장으로 재직 할 당시, 세계 전자상거래 협의체 회장 자격으로 슈핏츠 씨와 함께 활동하여 왔고, 그가 소수계층과 진보진영의 의견을 적극적으로 대변하는 것을 잘 알고 있다. 새롭게 떠오르는, 그러나 아무도 이렇게 조관하지 않는 세대 간의 갈등 문제를 부각시키는 과업에 슈핏츠보다 더 적합한 분이 없다고 생각한다.

고대 이집트의 피라미드 내부에 "지금의 청년들은 큰일이다"라는 글이 써 있다고 한다. 지금 청년들을 바라보며 우리가 걱정하고 있는 일들이 후세에는 한낱 기우에 불과하게 되려면 우리가 과연 무엇을 준비해야 하나? 이제 "세대(世代)간의 전쟁" 본서를 읽으며 심각하게 고민해 보아야 할 것이다.

2009년 6월
국회의원 이용경

서론

오늘날 선진국은 고령화 대책을 제대로 마련하지 못한 상황에서 2008년부터 백 년에 한번 올까 말까 한 경제위기까지 닥치면서 일촉즉발의 상황을 맞고 있다. 프랑스와 한국은 여러 측면에서 큰 차이가 있지만 모두 경제위기를 극복하고, 상황을 수습하는 과정에 막대한 재정을 투입하여 엄청난 국가부채를 떠안게 될 것이다.

누가 이 부채를 갚을 것인가? 유권자 중 다수를 차지할 노년층일까? 아니면 다음 세대, 즉 오늘날의 젊은 이들이 정부의 자금조달 요청을 받을 것인가? 이런 상황에서 어떻게 세대 간 정치·경제적 갈등을 피할 것인가? 이는 프랑스와 한국이 맞닥뜨린 가장 어려운 문제 중 하나이다.

그런데 이 문제를 누구도 아직까지 제대로 해결하려는 노력을 하지 않았다. 정치지도자들은 회피한다. 은퇴연령에 가까운 세대도 얼버무린다. 젊은 층은 이 문제의 범위를 아직 파악하지 못하고 있다. 단기적인 안목으로 앞을 내다보는 국가에서 미래의 중요한 문제를 아직 신문 1면, 블로그, 정당의 간행물에도 회자되지 않는다.

이런 와중에 다수 선진국의 젊은이들은 노년층의 인질극에 사로잡혀있다. 이제 상황이 믿을 수 없을 정도로 급변하여 노년층은 자녀들에게 외상을 지고 살게 되었다. 이는 충격적이고 헛된 일이다. 청년들은 이러한 기만적인 거래를 받아들이지 않을 것이다.

그리고 정권은 젊은이들이 집단 항의에 굳건하게 맞설 준비가 별로 되어있지 않다. "이봐요. 너무 하시는 거 아니에요? 젊은 사람들이 일자리가 없잖아요." 프랑스 대학생들이 시위하며 흔히 하는 이런 말을 듣고 한 번쯤 전율해보지 않은 국가 지도자가 몇이나 될까?

솔직히 말해 청년들로부터 비난을 받은 프랑스 정권은 모두 차기 선거에서 패배하였다. 자크 시라크(Jacques Chirac) 전 프랑스 대통령은 이런 상황을 누구보다도 잘 알 것이다. 시라크 전 대통령이 1986년 11

월 총리로 재임하던 당시 말리크 우세킨(Malik Houss-ékine)이라는 청년이 시위 중 실종되는 비극적인 사건이 발생했다. 에두아르 발라뒤르(Edouard Balladur) 전 총리도 1994년 똑같이 쓰라린 경험을 했다. 그 이후 알렝 쥐페(Alain Juppé), 리오넬 조스펭(Lionel Jospin), 장 피에르 라하렝(Jean-Pierre Raffarin), 도미니크 드 빌펭(Dominique de Villepin) 전 총리도 비슷한 일을 겪었다. 니콜라 사르코지(Nicolas Sarkozy) 현 프랑스 대통령이 프랑스 대학교육문제를 그렇게도 신중히 다룬 것은 이런 연유에서이다.

프랑스에서 일어난 사건은 여러 시대에 걸쳐 다른 국가에서도 일어났다. 1968년 젊은이들은 미국, 프라하, 그리고 유럽 전역에 걸쳐 정치세력을 뒤흔들었다. 이 젊은이들이 1989년에는 천안문 광장에서 자유에 대한 갈증을 토로했다. 최근 2008년에 그리스의 금융위기가 한층 불거진 가운데 학생들이 일어나서 자신이 보다 광범위한 시위의 주체가 될 수 있다는 것을 모든 유럽 정부에 인식시켰다.

이렇게 젊은이들은 엄청난 권력을 쥐게 되었다. 그러나 프랑스와 그 밖에 많은 나라의 청년들의 비극은 아직 이 권력을 사용할 줄 모른다는 데 있다. 아니, 더 정확히 말하면 이들은 자신의 미래가 걸린 진정한 전투를 하기 위해서는 이 권력을 거의 사용한 적이 없다는 데 비극이 있다.

이들의 집결능력을 다른 이들이 가져갔다. 그리고 그러는 동안에 즉, 이들이 자신이 가진 여론과 국가 지도자에 대한 영향력을 낭비하는 동안에 이들은 거대한 음모의 희생자가 되었다.

지난 30년 동안 젊은이들은 속고, 우롱당하고, 조종당하고, 도구화되었다. 많은 국가에서 제2차 세계대전 직후 태어난 베이비붐 세대는 퇴직연령에 접어들며 사상 전례 없는 상황을 초래하고 있다. 즉, 전후 처음으로 한 세대가 다음 세대에게 외상을 지고 살게 된 것이다. 다시 말해서 다음 세대에게 부채와 채무이행에 대한 부담을 떠넘긴 것이다. 고등학생, 대학생, 수습사원, 실업자, 청년 근로자, 젊은 부모 그 누구도 이러한 부담에서 벗어나지 못할 것이다.

　이전의 모든 세대는 자녀들에게 보다 나은 미래를 물려주기 위해 수고를 마다하지 않았다. 잔인할 정도로 아이러니한 것은 베이비붐 세대는 아동의 권리, 자신의 인격과 자율에 대한 존중은 떠받들면서도, 자신이 감당할 용기가 없는 희생은 후대에 물려준 것이다. 즉 한 손에는 프랑수아즈 돌토(Françoise Dolto)[1]의 책을 들고 다른 한 손에는 세금계산서를 들고 있는 것이다.

　이러한 시나리오는 예고된 것이었다. 이 시나리오는 '인구학'이라는 한 단어로 요약된다. 석유파동 이전에 대학을 다녔던 세대, 프랑스 '영광의 30년' 마지막 세대, 현재 40대 후반과 50대 초반은 70년대 초에 이미 앞으로 야기될 '2005년의 급변'에 대한 이야기를 들었다. 다시 말해서 전후 대거 태어난 베이비붐 세대가 노동시장을 떠나 은퇴할 시기엔 출산율이 줄고, 교육기간은 길어 이 세대를 대체할 인력이 부족할 것이라는 이야기를 들은 것이다.

역자 주 : (1) 프랑스 여성들의 어머니라고 불리는 어린이 정신분석의
　　대가

남들보다 더 오래 살고 의료지출을 더 많이 한 고령자 입장에서 보면 대대적인 부의 재분배가 생겨 퇴직비용과 의료비용에 보탬이 될 것이다.

반면 이들을 대체하는 수가 더 적은 경제활동인구 입장에서 보면 이 시스템의 균형을 맞추어야 하는 책임을 떠안게 된다. 불과 몇 십 년 만에 세계에서 가장 고령화가 많이 진행된 나라 중 하나가 된 한국도 이런 암울한 미래에서 벗어날 수는 없을 것이다. 이미 30년 전에 출제된 방정식은 신기하게도 제곱수로 된 간단한 해답이 따른다.

즉, 네 가지 일을 해야 한다.

첫째, 베이비붐 세대의 은퇴와 관련된 문제에 신중히 접근하여, 급변하는 상황에서 외환보유고를 유지하고, 인구학적 충격을 심화시키지 않아야 한다.

둘째, 보건시스템 주체들에게 책임감을 부여하여 과도한 지출을 저지해야 한다.

셋째, 노동시장 유연화를 통해 활동 청년인구의 실

업률을 어느 정도 해소해야 한다.

넷째, 교육과 연구에 투자하여 활동 청년인구가 필요한 자질을 갖추도록 해야 한다.

프랑스의 상황은 간단하다. 즉, 프랑스는 위 네 가지와 정반대의 조치를 취한 것이다. 한국의 경우 90년대 말 외환위기가 닥쳐 성장이 잠시 중단되어, 그 이후 경제가 다소 성장이 회복되었으나, 해야 할 일을 모두 하지는 못했다…….

결과는 이렇다. 프랑스 퇴직연령이 60세로 당겨졌기 때문에 인구학적 변화가 노동시장에 미친 영향은 더욱 악화되었다. 사회보장을 통해 분배가 이루어지는 프랑스는 잇따른 경제정책에도 몇 년에 걸쳐 적자 폭이 꾸준히 늘었다.

베이비붐 세대의 대거 은퇴로 말미암아 어려움을 극복하기 위해 조성된 기금이 미테랑(Miterrand)이나 시라크 시절 지지율에 대한 지나친 집착으로 낭비되었으며, 이들은 경제 사정이 조금 나아지면 판돈을 요구했나. 마치 아르파공(Harpagon)[2]이 자신의 재산에 대해 이야기하는 것과도 같았다.

프랑스 젊은이들은 고등교육의 틀 안에서 전례 없는 경쟁을 치르고 있으며, 선진국 중 25세 미만 실업률이 가장 높다. 간단히 말해 향후 몇 십 년 동안 프랑스와 한국은 유래 없는 고령화를 경험하게 되고, 비경제활동인구에 대한 지출이 상상도 못할 정도로 불어날 것이다. 이에 비해 이러한 값을 치르는 청년층의 수는 두 국가 역사상 가장 적을 것이다.

반면 젊은이들이 직면한 경쟁을 고려해볼 때 국가가 젊은이들의 교육에 투자하는 액수는 역사상 가장 적다. 그리고 2009년 세계 경제위기라는 측면에서 볼 때 청년 실업률은 가장 높다.

그런데 30년 동안 역사상 믿기 어려운 세대적 약탈이 일어나는 동안에 프랑스의 젊은이들은 무엇을 했는가? 이들은 평균적으로 대략 2-3년에 한번 꼴로 시위를 했다. 하지만 무엇을 위해 싸웠는가? 항거의 실탄을 30년 동안 어디에 썼는가? 이들의 미래를 위해 전혀 사

---

(2) 프랑스 작가 몰리에르가 쓴 희곡 '수전노'의 주인공으로 구두쇠의 대
　　명사

용하지 않았다. 반면 이들은 전문가들이 이야기하는 도구화, 보수주의, 협동조합이라는 게임을 했던 것이다.

학생들의 시위로 대학입학시험 개혁도 이루어지지 않았고, 대학 입학의 선발제도도 실시되지 않았다. 교육계도 책임감을 가지지 못했으며, 최초고용계약(CPE)도 이루어지지 않았다. 학사, 석사, 박사로 이루어진 유럽 고등교육이 순조롭게 이루어졌다면 다행한 일이다.

그리고 어렵게 얻은 대학 자율권이 벌써 2009년 초 다시 흔들리게 되었다. 프랑스 청년층은 대대적으로 누워서 침 뱉기를 한 것이다. 프랑스 의무교육기간이 14세로 낮추어졌을 때 역설적으로 대학생들은 할 말을 찾지 못하고, 자신을 제외한 다른 사람을 위해서만 분주히 움직였다. 이들은 불만을 표출했고, 때로는 고뇌하는 기색도 보였지만 결정적인 문제에 대한 불만은 표현하지 못했다.

이 젊은이들에게 감사해야 할 사람은 많다. 그 예가 확고부동한 협동조합주의를 지키고 있는 교사 노조, 프랑스 교육부 관료, 국가 수입으로 먹고 사는 교육부 산하기관들, 산아제한론이 그 어느 때보다도 지배적인 그랑제꼴, 동기의식과 부(富)로 무장한 프랑스와 그 외 국가 출신 학생들이 대거 몰리는 외국 대학, 지도자가 될 경우 쉽게 정치적 출세의 길이 열리는 트로츠키주의를 지지하는 파벌 그리고 그 밖에도 많다!

거의 백 년 전 1914년 세계 제1차 대전에 짓눌리고 멍든 세대에게 정치 지도자들은 기적 같은 해결책을 제시했다. 그것은 "독일이 갚아줄 것"이라는 해결책이었다. 그것은 현실이 되었다. 첫 번째 대전에서 참패한 후 참혹함과 수치심이 극에 달한 독일의 국가사회주의는 제2차 세계대전의 문을 열었다. 이때 잔인한 현실이 찾아왔다.

그와 같은 정책에 동참하지 않았다는 이유만으로 어느 정치지도자도 감히 드러내놓고 이야기하지 못했다. 그 정책이란 그 이후 몇 십 년 동안 공공재정에 대한 해결책은 제1차 대전 직후와 비슷하다는 것이었다. 즉, "젊은이들이 갚아주겠지" 라는 것 이었다!

이런 식으로 근본적인 개혁 없이 계속 나가다 보면

젊은이들은 실제로 빚을 갚아야 할 것이고, 그것도 두 배로 갚아야 할 것이다. 이미 한 세대에 걸쳐 젊은이들의 상황이 모든 면에서 불리해졌다. 단지 전체 인구에서 이들이 차지하는 비중이 줄어들었을 뿐 아니라 재산, 수익, 책임의 분배에 있어서도 불균형이 심화되었다.

젊은이들은 엄청난 액수의 빚을 갚아나갈 것이다. 베이비부머들은 이러한 빚을 통해, 위험을 감수하지 않고 '파산한 할아버지'가 되었다. '파산한 할아버지'란 간단히 말해서 엄청난 액수의 빚을 후대에 남기는 것을 말한다.

젊은이들은 2008년 경제위기 이후 무너진 금융시스템과 경제를 재건하는 정책비용을 지불해서 투자와 수출 하락을 만회할 것이다. 프랑스 고등교육의 질이 저하됨으로써 젊은이들은 노동시장 접근이 어려워지고 다른 유럽 국가 및 미국 학생들보다 평균적으로 자질이 떨어지는 대가를 치를 것이다.

이들은 사회보장 납입금과 세금을 위 세대보다 더 많이 낼 것이다. 수준 낮은 사회보장제도와 기능이 저하된 공공서비스를 이용하기 위해 더 많이 장시간 일할 것이다. 이런 유산을 받기 위해 30년을 항거했단 말인가! 그러고 나서 앞으로 남은 40년이라는 경제활동기간 쌓인 빚을 갚고 후대의 뒷바라지를 하는데 보낸단 말인가!

프랑스 젊은이들 그리고 아마도 서울의 젊은이들에게도 예정된 미래는 간단히 말해서 역사상 가장 규모가 큰 무장강도 행위이다. 이는 자신을 희생하기는 했지만 책임은 지지 않은 과거 수 세대가 젊은이들에게 하는 약탈행위이다. 하지만 정신 차리고 생각해보라! 만약 젊은이들이 자기들이 없을 때 자기들로 하여금 비용을 부담하도록 설정해놓은 미래의 시나리오를 거부한다면? 그리고 이들이 반란을 일으킨다면?

앞으로 살펴보겠지만 다른 유럽 국가와 다른 대륙, 특히 아시아에서의 문제는 다른 양상으로 전개된다. 인구학적 상황이 판이하고 경제, 사회적 정책 선택이 다르기 때문이다. EU 내 사회보장수준은 미국의 경우와 다르고 아시아의 경우와는 더욱 다르다. 반면 한국은 경제

규모를 고려할 때 사회보장지출이 OECD 회원국 평균의 3분의 1밖에는 되지 않는다. 여기서 사회보장은 두 갈래 길로 나뉜다.

첫 번째 길은 다음 세대에 외상을 지고 높은 수준의 사회보장서비스를 제공하는 것이다. 또 다른 길은 사회보장제도 수준이 떨어지는 가운데 젊은이들은 경제적으로 여유가 있어야만 높은 수준의 사회보장혜택을 받을 수 있게 된다. 이 두 가지 경우 사회가 젊은이들을 사회발전 과정에서 희생시키기는 것은 마찬가지이다. 젊은 세대에 대한 혐오의 분위기는 전혀 아니다. 젊은이들은 젊기 때문에 당할 뿐이다.

세대 간 갈등은 삶의 주기와 밀접하게 연결되어 있으므로 1968년 5월 이후에 그랬던 것처럼 사회 및 자아발전의 효과적인 원동력이 될 수 있다. 사회가 청년층을 외면한 채 발전하고 청년층은 이를 운명이라 생각하고 받아들이는 듯 한 분위기가 조성될 때 문제는 심각해진다.

피에르 망데스 프랑스(Pierre Mendès France)[3]는

민주주의 국가에서 가장 중대한 위험은 국민에 대한 무관심이라고 했다. 이런 면에서 볼 때 우리 같은 "부자", 즉 생활수준 향상과 사회적 쟁취, 평화의 혜택을 본 전후 세대는 변명할 여지가 없다. 연금, 장기건강보험, 사회보조에 들어가는 비용을 제하는 위험을 무릅쓰고 40년 만에 가난에서 벗어나 번영을 누리게 된 한국을 벤치마크하여 경제발전을 이룩한 국가들도 별로 할 말이 없다.

프랑스, 다른 유럽 국가, 한국, 그 외 OECD 회원국, 민주주의가 존재하는 도처에서, 심지어는 아직 민주주의 투쟁 중인 곳에서도 오늘날의 젊은이들은 문화적·환경적 면에서 그런 것처럼 경제적, 사회적 면에서도 결국 자신의 운명을 스스로 책임지게 될 것이다. 이들은 파산한 할아버지가 남긴 빚을 갚지 않을 것이다! 적어도 혼자서 갚지는 않을 것이다.

프랑스의 상황에 초점을 맞춘 이 책이 한국 독자에게도 똑같은 긴박감을 심어주었으면 한다. 긴박하다고

---

(3) (1907~1982) 1950년대 급진사회당 소속의 프랑스 전 총리.

해서 이 문제를 몇 주 혹은 몇 달 안에 해결해야 한다는 의미는 아니다. 여기서 긴박하다는 것은 이 중요한 문제를 해결하려면 수년은 걸릴 것이므로 지금 당장 다루기 시작해야 한다는 의미이다.

앞으로 정치적, 사회적 불안정이라는 위험을 감수해야 할지 모르지만, 우리는 용기를 잃지 않는다. 두려움보다 한결 나은 무엇인가가 있기 때문이다. 그것은 바로 희망이다. 우리 모두는 국가 및 국제사회의 구성원이다.

어떤 사람들의 이기주의가 다른 사람의 비 양심으로 이어져서 우리의 사회계약이 세대 간 정면충돌로 산산조각이 날 정도가 되는 불행한 상황이 벌어지지는 않을 것이다. 체념하지 않고 더 나은 세상을 꿈꾸는 모든 이들, 두려움보다는 희망이 훨씬 지배적인 모든 이들이 잠에서 깨어 이해하고 행동할 시간이 왔다.

이 책을 집필하는 동안 내내 귀중한 조언을 해 주고 지속적이고 친절한 도움을 준 파브리스 바쿠슈(Fabrice Bakhouche)씨에게 감사를 표한다. 첫 장을 쓰는데 도움을 주고 나를 격려해 준 마르그리트 베타르

(Marguerite Bérard)씨에게도 감사의 마음을 전한다.

2009년 5월

파리에서

저자

제1장 고령자들의 나라를 향해

정치지도자의 첫 번째 일은 예측 불가능한 일에 직면하는 것이다. 경기동향, 과학기술, 국제관계, 원자재 가격 등 정치적 결정에 있어 불확실성이 만연한 시대이다. 이렇게 예상치 않았던 상황이 일어나는 바다에서 항해하다 보면 하나의 섬이 나온다. 이 섬에서 정부는 거의 실수할 가능성 없이 장기적인 안목으로 앞을 내다 볼 수 있다. 그 섬은 바로 인구학, 즉, 인구를 연구하는 학문이다.

이 학문과, 이 학문을 통해 연구하는 전 데이터에 모든 게 달려있다. 인구학은 지구의 미래를 밝혀주며 저개발 상태에서 벗어나려는 몸부림에서 대륙 간 인구이동에 이르기까지 여러 문제를 명확하게 설명해준다. 또한 이 학문의 가르침은 높은 수준의 사상체계와 세계적 명성에 빛나는 전문가들, 신뢰성이 특히 높은 데이터를 보유한 프랑스에서도 – 그리고 한국에서도 – 국가적 차원에서 결정적이다.

한국사회는 고령화에 대한 우려를 표명하고 있으며 사실 우려할 만하다. 2004년 한국의 출산율이 여성 1인당 1.16으로 떨어지자 조선일보는 미국의 민간 연구기관인 인구조사연구소 (PRB)의 최근 보고서를 인용하며 "한국은 세계 주요 선진국 중 출산율 최하위를 기록하며 세계에서 고령화 속도가 가장 빠른 일본을 바짝 따라잡고 있다"고 우려를 나타냈다.

PRB 연구에 따르면 이 추세라면 한국 인구는 지금부터 2050년까지 12% 감소할 것이고, 북한 인구는 15% 증가할 것이다. 조선일보의 한 논설위원은 "이제 더 이상 인구문제가 일본에 국한된 문제라고 볼 수 없다"고 말한다. 한국의 15세부터 29세까지의 인구는 2000년부터 연평균 260,000명 가량 감소했다. 25세부터 49세까지의 인구도 2008년부터 줄어들 가능성이 있다. 조선일보는 "현재 청년실업이 심각한 사회문제로 대두되는 가운데 머지않아 젊은 근로자를 찾기 어려워질 것이다"고 하였다.

이러한 고령화 현상은 한국사회 전체에 걸쳐 여러 가지 문제를 야기할 것이다. 무엇보다도 의료 및 연금비용이 늘어나고 임금소득은 줄어들 것이다. 특히 이 현상이 의미하는 바는 국가가 미래의 활동인구에게 압력을 가해서 필요한 자금을 얻을 것이라는 점이다.

이 '미래의 활동인구'는 오늘날의 젊은 층이다. "파산한 할아버지"가 되기에 필요한 요소가 전부 모인 것이다. 상대적으로 출산율이 높은 프랑스도 이러한 위기에서 예외는 아니다. 반면 프랑스의 과거 지도자들은 이런 상황을 충분히 예측할 수 있었고 심지어 예측 할 의무도 있었다. 자크 시라크가 총리이고 그의 주적 이 프랑수아 미테랑이던 시절 프랑스 정부는 무엇을 하 였는가?

이들이 당시 프랑스가 후대에게 가르치는 내용을 알기만 했더라도 프랑스가 2005년 인구적 "급변"을 겪으리라는 것을 모를 수는 없을 것이다. 이리한 '인구적 급변'이란 비활동 고령인구가 급격하게 늘고 젊은 활동인구는 줄어드는 현상을 가리킨다. 당시는 지금으로부터 30년 전이었고, "영광의 30년"이라 불리는 30년 동안의 지속적인 성장이 시들해질 시점이었다.

따라서 당시 정부에서 제대로 결정을 내렸다면 이 인구적 급변을 예측하여 현재 상황을 더 잘 처리할 수 있었을 것이다.

그러나 이러한 예측을 하기 위해서는 근시안적 태도를 지양하고 보다 먼 미래를 내다보아야 했을 것이다. 그리고 당시나 현재나 선거 때에 너무나 중요한 목소리를 내는 고령자들의 심기를 불편하게 하는 위험을 감수해야 했을 것이다. 단순히 임기를 오래 유지하기 위해서 만이 아니라 실제로 정책을 수행하기 위하여 선출되었어야 했다.

20세기 초에 태어난 세대는 영광의 30년을 경험하고 1970년대 은퇴하였다. 이 세대는 자신의 권리를 옹호하고 재평가하기 위해 특히 효과적인 로비세력을 구축했다. 이렇게 함으로써 이 세대는 전쟁이 끝난 평화로운 시절에 태어난 베이비붐 세대라 불리는 중심 활동 인구와 협상하여 자신에게 이익이 되는 방향으로 유산을 가져갔다. 이들 중 대다수는 1968년 5월 혁명을 겪거나 직접 참여하였다.

따라서 이들은 이와 같은 경험을 통해 이상적인 국가제도에 대한 개념을 정립했다고 볼 수 있다. 반면 베이비붐 세대는 극도로 간단한 해결책을 통해 충격을 완화하는 것을 택했다. 그 해결책이란 빚을 남기고 도망치는 것이다. 프랑스는 부국이기 때문에 이런 전환과정을 별 충돌 없이 넘어갈 수 있었다.

베이비붐 세대는 새로운 게임의 법칙을 강요하기 위한 모든 수단을 가지고 있었지만 이러한 개혁을 할 용기도, 의지도 없었다. 석유파동, 경제위기, 실업률 증가 등이 닥치자 이 세대는 야심을 버렸다. 로마클럽과 더불어 무난한 성장을 옹호했던 이들은 휘발유가 부족해지자 주유소 펌프 앞에 줄을 섰다.

이들은 일을 많이 했고, 스태그플레이션을 경험했으며, 1981년에는 정권교체를 이루었으며 단일유럽경제를 옹호하다 이에 환멸을 느꼈고, 경쟁적 인플레이션 억제 정책의 대가를 치렀으며, 현대경제와 신기술에 적응하는 과정을 거쳤다.

이런 노력에 대한 보상은 개인 플레이였고 개인주의였다. 즉, 이들의 심리에는 거저먹으려는 생각이 자리 잡고 있었고, 미래에 대한 투자는 하지 않았다.

베이비붐 세대는 1970년대에 은퇴한 세대와 바통터치를 하였고, 이 두 세대 간의 연합으로 인해 지난 30년 동안 프랑스에서는 굵직한 선택들이 이루어졌다. 아니, 선택이 전혀 이루어지지 않았다는 편이 옳을 것이다.

이 두 세대의 연합으로 부채의 골이 깊어졌고, 구조적 개혁이 연기되고 도피라는 쉬운 해결책을 찾게 되었다. 남에게 무기한 전가할 수 있는 문제는 없다는 것은 오래 전부터 알려진 사실이다. 향후 어떻게 될지 지켜볼 일이다.

1968년 혁명에 참여했던 사람들은 참전용사들의 뒤를 이으며 여러 부류의 보수주의자들의 옹호하는 람페두사(Lampedusa)의 격언(4)이 프랑스에 적용되게 하였다. 그 격언은 "모든 것을 현 상태로 유지하기 위해서는 모든 것을 바꾸어야 한다." 이다.

30년 후 임무는 완수되었다. 즉, 아무 것도 변화지 않았고, 여전히 같은 사람들이 이익을 보고 있으며, 그 다음 세대가 희생되고 있다.

이제 노인이 되어가는 전후 베이비붐 세대는 영광의 30년 세대와 똑같은 수법을 사용하려고 한다. 베이비붐은 후대에 부채를 남겼고, 앞으로도 그렇게 하고 싶어 한다. 이렇게 긴 퇴직생활을 즐기고자 한다. 의학의 발전의 덕은 톡톡히 보면서 말이다.

그러나 후대는 더 이상 선택의 여지가 없다. 21세기를 살아가는 청년들은 더 이상 후대에 빚을 남기며 이들을 희생시킬 수는 없다. 이 청년들에게 남은 것은 계산서를 지불하는 것 뿐 이다. 그것도 현금으로 지불해야 한다. 왜냐하면 항상 명확한 길을 제시하는 인구학

---

(4) 이탈리아의 역사소설가 람페두사의 소설 '레오파드' 중의 한 구절

자료에 따르면 2007년 프랑스 인구 가운데 세대 간 충돌의 골이 이미 깊어졌다.

다음의 설명에서 세 가지 열쇠로 이러한 충돌의 여파를 측정할 수 있다.

첫 번째 열쇠는 한국과 마찬가지로 프랑스 인구는 향후 30년 동안 거의 증가하지 않을 것이라는 점이다. 한국의 경우는 심지어 줄어들기조차 할 것이다. 반면 양국 모두 고령화가 빠른 속도로 진행될 것이다. 프랑스의 경우 2000년 60세 이상 인구는 5명 중 한 명이었던 반면 2050년에는 3명 중 한 명이 될 것이다. 한국의 경우 2000년 60세 이상 인구가 9명 중 1명이었던 반면2050년에는 5명 중 2명에 가까워질 것이다!

두 번째 열쇠는 고령인구와 65세 미만 인구의 비율이 증대될 것이라는 점이다. 이에 따라 전체인구 가운데 비활동인구가 차지하는 비중이 높아질 것이다.

마지막으로 세 번째 열쇠는 이러한 인구변화는 다른 선진국에서도 비슷하게 나타난다는 점이다. 이런 면에서 볼 때 "파산 할아버지" 스캔들은 단순히 고령화 때문에 일어난 것은 아니다. 오히려 이 스캔들은 미래를 예측하지 못한 국가의 무능함, 이 사태를 수습하기 위해 일어나는 충돌, 그리고 이로 인해 후대가 겪을 불의와 관련이 있다.

1. 예고된 고령화

　지난 35년 동안 프랑스 인구는 끊임없이 증가하여 1970년에 5천7십만이던 것이 2005년에는 6천만을 넘어섰다. 그러나 프랑스 국립통계 및 경제연구소(INS-EE)의 장기예측에 따르면 이러한 인구 성장은 향후 40년 간 완화될 것이라고 한다. 2050년이면 프랑스 인구는 대략 7천만에 달할 것이다.

　이러한 인구 감소에는 몇 가지 원인이 있다. 첫 번째 원인은 출산율의 감소이다. 즉, 가임기 여성 한 명당 자녀수가 줄어드는 것이다. 출산율은 1960년대부터 감소하기 시작하였으며 이로 인하여 지난 50년 동안 출산할 인구가 감소했다. 비록 이 인구가 다른 유럽국가보다 출산율이 높기는 하지만 이들 수가 적이 때문에 인구감소가 일어나게 되는 것이다.

두 번째 원인은 이민의 억제이다. 이는 경제 위기 때문에 그리고 프랑스의 정체성을 추구하는 성향 때문이다. 프랑스 인구구조를 볼 때 2045년부터 사망자 수가 출생아 수를 상회할 것으로 보인다. 그러면 이민은 인구를 성장시키는데 유일한 해결책이 될 것이다. 전체 인구수가 거의 늘지 않고 고령자가 차지하는 비중은 증가한다면 고령화는 심화될 것이고, 이를 피할 수는 없을 것이다.

이 현상은 정부의 정책결정에는 거의 반영되지 않았지만 과거 30년 이전부터 예측이 가능했으며, 이미 그 여파가 오고 있다. 1970년부터 2000년까지 프랑스에서 60세 미만 인구수는 3백만 명 증가하여 12백만 명을 넘어섰다.

그러나 앞으로 닥칠 일에 비하면 이는 아무 것도 아니다. 향후 30년 동안 프랑스에서 60세 이상 인구는 7백만 명 이상 증가하여 2030년이면 2천만에 달할 것이다. 프랑스에서 60세 이상 인구는 2000년 5명 중 1명 "밖에"되지 않았지만 이때쯤이면 3명 중 1명일 것이다.

2050년이면 60세 이상 인구는 현재보다 두 배로 증가할 것이다. 이러한 상황이 벌어지지 않을 가능성은 희박하다. 왜냐하면 2030년 60세에 달할 인구는 이미 모두 태어났기 때문이다. 고령화가 불가피한 것은 사망률이 감소했다기보다는 수가 많은 1945년에서 1965년 사이 태어난 베이비붐 세대가 나이가 들어가기 때문이다.

이렇게 프랑스에서는 고령화가 진행되고 있고 이 현상은 증폭될 것으로 보인다. 인구 피라미드 위쪽으로 가면 고령자 수의 증가는 급속도로 빨라진다. 2005년부터 2050년까지 70세 이상 인구는 6백만에서 13백만으로 증가하여 거의 두 배에 달할 것이나. 90세 이상 인구의 경우는 세 배 이상 증가하여 2005년에 500,000명이었던 것이 2050년이면 백80만 명에 달할 것이다.

한국에서 고령화는 여러 면에서 다른 양상으로 나타난다. 먼저 한국의 역사적 특성을 살펴보아야 할 것이다. 유럽에서 "전후"라고 하면 1945년을 떠올린다. 반면 한국에서는 20세기 후반부 발발한 한국전쟁이 인구구조 형성에 결정적인 영향을 미쳤다.

현재 한국의 특성을 살펴보면 출생 수는 세계에서 가장 낮은 축에 속하고 출산율은 인구대체에 필요한 수준보다 현저하게 떨어진다. 2005년 한국의 출생 수는 438,000명이었다. 그러나 한국 통계청의 예측에 따르면 2050년이면 출생 수는226,000명 밖에 되지 않을 것이며 이는 가임 여성 수가 줄어들기 때문이다.

이렇게 출생 수가 대폭 감소하는 것은 이미 현재 한국 여성들의 결혼연령이 늦어지고 결혼을 하더라도 자녀를 적게 가지기를 원하기 때문이기도 하다. 또한 남아선호사상 때문에 저출산과 더불어 신생아 중 남아

비중이 높아졌으며 이는 다른 아시아 국가의 경우와 비슷하다.

1980년 한국 인구는 3천8백만 명이 조금 넘었지만 2008년에는 4천8백 90만명에 달했지만 2050년에는 4천5백만 명도 채 되지 않을 것으로 예상된다. 같은 기간 고령화 속도는 빨라질 것이다. 1980년 한국의 남성 인구 중 20세 미만 인구는 2명 중 한 명을 훨씬 넘었으며 퍼센티지로 따지면 정확히 58 퍼센트였다.

2000년 이 수치는 40 퍼센트 밖에 되지 않았으며 2050 년이면 20 퍼센트 밖에 되지 않을 것이다. 반면 60세 이상 남성 인구는 1980년 5 퍼센트에서 2000년 9 퍼센트 그리고 2050년에는 37.5 퍼센트까지 증가할 것이다. 반면 80세 이상 남성 인구가 전체 남성 인구에서 차지하는 비중은 1980년부터 2000년까지 두 배 증가하였으며, 2000년부터 2050년까지는 15배 증가하여 남성인구의 10분의1 가까이 차지하게 될 것이다. 여성의 경우2050년80세 이상 인구는 전체 여성인구의 15 퍼센트 이상을 차지할 것이다.

한국 통계청의 2008년 통계자료에 따르면 2050년까지 65세 이상 고령자 수는 전체 한국 인구의 38 퍼센트를 차지할 것으로 예상된다. 그러면 한국은 이웃 국가 일본조차 제치고 세계에서 고령화가 가장 많이 진행된 국가가 될 것이다. 통계청의 장기예측에 따르면 한국은 2030년 전체 인구수가 4천8백6십만으로 정점에 달할 것이다. 그러나 2026년부터 고령화가 가속화될 것이다.

이 시기에 65세 이상 인구는 5명 중 1명일 것이다. 따라서 21세기 중반이면 한국 인구는 13 퍼센트 감소하여 4천2백3십4만 명으로 떨어질 것이다.

국가마다 문제는 차이를 보이지만 결국 모든 국가는 같은 방향으로 나아가고 있다. 중국의 경우를 보자. 리바오쿠 중국 민정부 부부장의 2008년 추정치에 따르면 2020년 64명의 활동인구가 18명의 어린이와 19명의 퇴직인구를 부양할 것으로 예상되는 반면 2050년에는 53명의 활동인구가 31명의 퇴직인구와 16명의 어린이를 부양할 것으로 예상된다.

그리고 프랑스에서 이미 그렇듯이 중국에서도 머지않아 고령자 수가 아동 수를 넘어설 것으로 보인다. 아마 중국에서 65세 이상 인구수는 1억5천3백만 명이며, 20년 안에 이 연령대는 전체 인구의 3분의 1을 차지할 것으로 보인다. 한 가정 한 자녀 정책 때문에 중국은 유럽이나 일본보다 고령화 속도가 두 배 더 빠르다.

일본의 경우 고령화에 관련된 다른 구체적인 사례가 있다. 세계에서 가장 수명이 높은 국가로 알려진 일본에서 40년대 말에 태어난 베이비붐 세대는 다음 세대에 짐을 남기고 은퇴할 것이다. 1990년 일본에서 65세 이상 인구는 12퍼센트 이상이었으며 이는 오늘날의 중국과 같은 수치이다. 일본에서 이 연령대 비중은 2025년 30 퍼센트에 달할 것이다.

결과적으로 빌 에모트(Bill Emmott)가 저서 <라이벌>(Rivals)에서 아시아 열강의 변화에 대해 지적하듯이 일본 인구는 현재 1억2천8백만 명에서 2050년경이면 1억 명도 채 되지 않을 것이며 향후 몇 십 년간 노동비용 및 의료, 퇴직관련 지출의 증가로 어려운 시기를 겪을 것으로 예상된다. 즉, 일본은 "파산 할아버지"의 요소의 대부분을 보여주는 것이다.

유럽부터 아시아에 이르기까지 나타나는 고령화 현상은 긍정적인 것에는 틀림없다. 고령화는 인간생활에 있어서 무척 좋은 소식이다. 의학의 발전, 노동 중 사고 감소, 보건 개선은 모두에게 혜택을 가져다준다. 선진국에서는 이러한 변화로 인해 수명이 증가하였으며 은퇴 후에는 자기개발이나 사회봉사에 시간을 투자한다.

공정한 사회에서 고령화는 "새로운 세대 간의 연대"의 신호탄일 수도 있다. 이 경우 세대 간 연대의 잠재성은 엄청나다. 그러나 실제로는 그 반대의 상황이 벌어진다. 개인적 차원에서 도처에 세대 간 연대를 볼 수 있는 것은 사실이다.

손자, 손녀를 돌보고, 자신의 열정과 자질로 단체활동을 하고, 지식을 전수하는 고령자의 사례는 무척 많다. 그러나 거시경제적인 차원에서 접근하고 부의 분배의 기준에 대해 자문하면 문제를 보다 멀리서

보게 되어 결국 세대 간 연대가 이루어지는 것이
아니라 지난 몇 십 년간 형성된 세대 간 연대가 깨어
지고 있다는 것을 보게 된다.

2. 상황방치에 대한 계산서

　미래 50세 이상 인구수가 예상 출산율에 좌우되지
않고 예상 이민자 수에도 거의 좌우되지 않더라도
이들이 전체 인구에서 차지하는 비중도 이런 요소에
좌우되지 않는 것은 아니다. 젊은 층이 대폭 증가하면
고령층이 전체 인구에서 차지하는 비중은 분명
상대적으로 줄어들 것이다.
　한국에 비해 프랑스의 경우 특히 젊은이들의 경우
문제는 "부양할 노년층이 늘어날 것인가? "가 아니다.
대답은 두말할 것 없이 "그렇다"이다. 오히려 중요한 문
제는 "이 고령화 사회를 부양하기 위한 우리 청년층의
수가 몇 명이나 될 것인가?"이다.

달리 말해서 "전반적인 재정지원노력이 보다 지속가능하기 위해 어떻게 이 노력을 분담할 것인가?"가 문제인 것이다. 60세 이상 인구 비중이 규칙적으로 증가할 것으로 보이는 반면 청년층의 경우 이와 반대현상이 일어날 것이다. 이에 따라 프랑스에서는 2014년경 중요한 전환기를 맞을 것으로 보인다.

이때 20세 미만 인구는 60세 이상 인구보다 수가 적어질 것이다. 그러면 자연히 노인 부양률은 늘어날 것이다. 반면 노년층 수는 2050년까지 2배로 증가할 것으로 보인다. 출산율이 갑자기 그것도 지속적으로 증가할 확률이 희박하므로 청년층을 늘리는 대안은 이민 하나 밖에 없다.

자발적 이민조차도 현재 불균형을 완화할 수는 없을 것이다. 예를 들어 이민자 수를 두 2배 늘려서 2005년부터 연간 50,000명을 더 받는다고 해도 극히 미미한 효과 밖에는 거두지 못할 것이다. 따라서 이민자 수를 연간 수십만 명으로 대폭 늘려야 비로소 전체 인구 수에 영향을 미칠 수 있을 것이다.

그런데 실업이 계속되고 이민자들의 사회편입이 어렵다는 여론을 볼 때 이민문제는 민감한 사안이라 향후 이민자를 받을 때 연령, 자질, 출신지를 고려한 쿼터제를 실시할 가능성이 크다. 달리 말해서 이러한 이민정책을 실시하면 결국 주로 자질을 갖추고 건강상태가 양호한 젊은 이민자를 주로 받을 것이며 출신지는 아시아 혹은 아메리카 대륙을 선호할 것이다.

그러나 이러한 이론적 가설에 등장하는 이민자들이 반드시 프랑스에 오고 싶어한다는 근거가 어디 있겠는가? 이들은 모두 국제적 경쟁력을 갖춘 인재들이므로 이민을 선택할 때 대상국이 제시하는 조건에 따라 이민할 국가를 선택할 것이다. 겉으로는 온화해 보이는 프랑스가 이들에게 베이비붐 세대가 남긴 계산서를 지불하라는 말 밖에 할 수 없다면 이들은 다른 국가의 조건을 보러 떠날 것이다.

한국도 비슷한 문제에 처할 것이다. 청년층 수가 적다는 점과 활동인구가 감소한다는 점은 이민자를 받아들여서 인구를 늘려야 한다는 의미일 수 있다. 이민자를 받아들이면 정치적, 사회적 문제를 피할 수는 없을 것이다. 또한 외국의 우수 인력을 유치하기 위해 아시아 국가 간의 경쟁이 불가피할 것이다.

한편으로는 노년층에게 비용이 더 많이 든다. 이들은 경제활동시절 자신의 퇴직생활을 지원하기 위해 충분한 사회보장 납입금을 지불하지 않았기 때문이다. 다른 한편으로는 수가 적은 청년층은 경제활동을 시작하는데 어려움을 겪고 있다. 이미 부담을 지고 있기 때문이다.

즉, 향후30년 동안 부채를 갚으며 약속을 지켜야 한다. 그런데 이 약속은 이들 몰래 이들을 희생시키는 방향으로 위세대가 한 것이다. 세대 간 충돌은 단지 문화적인 것만은 아닐 것이다. 한국에서나 프랑스에서나 이 충돌은 지극히 경제적인 성향을 띨 것이다.

3. 서양의 문제아들

고령화는 프랑스에서만 일어나는 현상은 결코 아니다. 같은 원인이 같은 결과를 초래한다. 따라서 사회보장제도가 국가마다 다르더라도 전반적인 추세는 여러 국가에서 비슷한 양상으로 나타난다. 이러한 양상에는 몇 가지가 있다.

첫째, 베이비붐 세대가 은퇴연령에 달했다는 점이다. 이는 일시적인 현상이지만 향후 몇 십 년을 좌우할 것이다.

둘째, 베이비붐 세대를 대체하여 경제활동에 참여할 젊은 층의 수는 더 적다.

셋째, 평균수명이 증가한다. 이는 장기간에 걸쳐 이루어지는 구조적 변화로 65세 이상 인구의 증가를 초래한다.

이런 현상은 EU 모든 국가에서 공통적으로 나타나며 미국, 일본, 한국 등 그 외 국가에서도 나타난다. 반면 인구학적 역사를 살펴보면 국가별 인구 피라미드가 다르다는 것을 알 수 있다. 평균수명은 확실히 국가마다 비슷한 반면 출산율과 이민자수는 국가마다 다른 특성을 보이며 이로 인해 예상치도 달라진다.

따라서 유럽 국가들 간에도 상황이 완전히 일치하지는 않으며, 다른 대륙에서는 더욱 달라진다. 향후 30년 동안 독일은 가장 높은 인구감소를 보일 것으로 예상되며 이탈리아와 스페인이 그 뒤를 이을 것이다. 프랑스는 다른 유럽국가에 비해 비교적 상황이 양호할 것으로 보이고 영국, 스웨덴, 네덜란드도 프랑스와 상황이 비슷할 것으로 보인다. 그러나 프랑스는 다수 유럽국가와는 달리 이러한 변화를 예측하지 못했다. 오히려 프랑스는 지나친 야망을 품고 국민들에게 새로운 권리를 부여하면서 이에 대한 재정지원을 미리 고려하지 않았다.

따라서 21세기 전반부는 고령화의 프랑스가 도래하는 시기가 될 것이다. 이 시기에 프랑스는 물려받은 유산에서 오는 수입과 젊은 층으로부터 받아내는 사회보장 납입금으로 살아갈 것이다. 인구적, 정치적 영향력을 행사하면서 프랑스는 기득권을 유지하려고 할 것이다.

한국이 21세기 중반에 세계에서 가장 고령화가 많이 진행된 국가가 될 것이라는 예측을 해볼 때 양국 모두 공통적인 문제에 직면해 있다는 것을 알 수 있다. 미래를 예측했다면 이러한 인구적 급변으로 인해 경제적 급변을 막을 수 있었을 것이다.

하지만 무분별 때문인지 이기주의 때문인지 안타깝게도 그렇게 되지는 않고 있다. 전후 베이비붐 세대는 사실상 프랑스의 영광의 30년 세대 혹은 한국이 빈국에서 현대 경제강국으로 변천하는 시대에 살았던 세대와 결합되었다.

이들은 경제, 금융 위기가 한창이던 때 각자 몫을 챙기기 위해 은퇴했다. 그리고 다음 세대에게는 찌꺼기밖에는 남기지 않을 것이다. 지불할 계산서와 함께, "파산한 할아버지"의 무대배경은 만들어진 셈이다.

제2장 불균등의 시대

　나이가 들면 임금과 재산도 자연히 늘어나게 마련이다. 그러나 지난 30년 동안 프랑스 사회의 균형은 부와 책임을 젊은 세대를 희생시키는 방향으로 진행해왔다. 정권교체를 이룩한 젊은이들은 대중적 관습 및 자유의 측면에서는 승자였지만 경제적, 사회적 측면에서는 패자였다. 부는 상당히 불균등하게 분배되었고 이들의 재산 사정은 연장자들에 비해 분명 악화되었다. 반면 세대 간 부의 재분배를 담당해야 할 국가는 맡은바 책임을 다하지 않았다.

　똑같이 '젊다'는 형용사를 사용하더라도 그 대상이 고등학생인지 대학생인지, 젊은 활동인구인지, 실업자인지, 교육제도의 소외계층인지, 수습사원인지, 도시거주자인지, 중산층인지, 젊은 부모인지, 아닌지에 따라 현실은 판이하게 달라진다. 성장 정도, 관심사, 욕구 면에서 볼 때 18세와 25세의 세계관이 다른 것은 당연하다. 젊은이들은 노동시장 및 주택가격 상승에 따른 큰 어려움을 겪고 있고 앞으로도 겪을 것이다. 뿐만 아니라 이들은 프랑스 사회의 구조적 변화에 직면해있다. 이러한 변화의 대표적 예는 가족이라는 집단의 쇠락이다.

1980년대에 부모가 결혼하지 않은 상태에서 태어난 젊은이는 10명 중 1명에 불과했다. 반면 2000년에 이 수치는 43 퍼센트에 육박했으며 이혼율은 40 퍼센트에 가깝다. 현재는 사회적 지위의 차이로 인한 불평등만 존재하는 것이 아니다. 아이들이 공부하고 경제활동을 시작하는데 그 어느 때보다도 부모의 지원이 필요한 요즘 이혼과 재혼 그리고 가족집단의 분열로 인한 불평등도 초래되었다. 이혼과 재혼으로 재구성된 가족에서 자녀 1인당 앞으로 3명에서 5명의 고령 부모를 부양해야 할 것이라는 점은 차치하고라도 말이다.

지난 30년 동안 젊은이들은 직접적으로든 간접적으로든 물려받은 유산의 혜택을 보지 못했다. 프랑스의 청년들에게 군복무가 더 이상 의무가 아닌 것은 사실이다. 그러나 프랑스는 이민 온 청년들이 사회에 편입하는 데 필요한 투자를 하지 않았을 뿐 아니라 초등교육, 고등교육, 석사 및 박사과정에서 뒤쳐진 부분을 따라잡으려는 노력도 하지 않았다. 게다가 젊은이들의 경제적 독립을 돕는 노력도 거의 하지 않았고, 주택시장의 상황도 어둡다. 무수한 지원책을 실시하였는데도 말이다. 이러한 지원책은 행정적인 면에서 관리비용이 많이 들 뿐만 아니라 지원대상자들에게 현실적 도움을 주지 못하였다.

젊은 세대는 불평등의 시대를 살고 있는 동시에 이들은 빈곤, 불안정, 소외라는 삼중고에 시달리고 있다는 말이다. 또한 이들은 경제 및 금융 위기, 경제활동의 둔화, 그리고 디플레이션 현상의 직격탄을 맞을 것이다.

1. "가난한 노인"에서 "가난한 젊은이"로

INSEE 연구결과가 보여주듯이 과거에 농촌지역의

고령자가 경험했던 가난을 이제는 도시 청년들이 겪게 되었다.

이러한 현상은 두 가지로 해석할 수 있다. 첫 째는 긍정적인 해석으로 고령자의 여건이 현격하게 향상되었다는 점이다. 이러한 향상에는 노후생활이 점차 개선되었다는 점이 주요 요인으로 작용한다. 1970년과 1990년 사이 퇴직자들의 소득은 활동인구의 소득보다 두 배 빨리 증가하였다. 뿐만 아니라 1945년 이후 여성의 사회진출이 활발해지면서 이들은 퇴직연금지급 대상자가 되었고, 이 액수는 1980년대부터 지급되기 시작하였다.

1970년대 초 60세 이상 인구의 4분의 1은 빈곤선 이하의 삶을 살고 있었다. 반면 오늘날 이 수치는 3 퍼센트 밖에 되지 않는다.

반면 "가난한 젊은이들"이 겪는 사회적 불평등이라는 절망적인 현실이 눈앞에 다가왔다. 오늘날 25세 미만 빈곤층은 전체의 20 퍼센트를 웃돈다. 이는 30년 전에 비하면 5배 높은 수치이다. 게다가 이 수치는 가족들이 제공하는 재정지원을 포함한 것이다.

다른 인구 층의 경우 사회 안전망이 더 건실해진 반면 젊은이들은 최소한의 사회적 지원조차 받지 못했으며, 특히 25세 전에는 부양할 자녀가 있지 않는 한 최저통합수당(RMI)[5] 혜택을 받지 못했다. 이들은 고용의 불안정화 혹은 인턴제의 남용을 경험했다. 반면 교육을 마치고 나서 일하기 위한 자격요건을 갖추지 못한 젊은이들은 소외되게 된다.

가장 취약한 계층으로는 경제활동을 하지 않는 젊은이들이 있다. 이들은 대체로 저소득 가정 출신이다. 이들 중 25 퍼센트는 아버지가 실업자이고, 55 퍼센트는 아버지가 노동자이며 5 퍼센트는 기업 간부이다. 악조건을 겸비한 이들은 남들에 비해 일하기 위한 자격요건을 갖추지 못하고 가족들의 지원도 받지 못하는 편이다. 사회보장혜택과 부모의 재정지원을 고려하더라도 이들 중 빈곤율은 50 퍼센트에 달한다. 반면 가족의 도움을 받는 대학생의 경우 빈곤율은 15 퍼센트이다.

젊은 빈곤층의 도래라는 특정 현상과 더불어 생활

---

(5) 무소득자에게 주어지는 수당

방식에도 변화가 일어났다. 20-24세 인구의 55 퍼센트가 부모와 함께 살고 있으며, 이는 1982년보다 10 퍼센트 늘어난 수치이다. '탕기(Tanguy)'[6] 타입의 젊은이도 있겠지만, 사실상 모든 젊은 대학생이나 실업자들은 이렇게 부모와 함께 살지 않으면 엄청난 불안정에 직면할 것이다.

부모와 자녀 간의 경제적 관계에도 변화가 나타난다. 독립해서 사는 19-30세의 젊은 층 대다수는 가족의 도움을 받고 있다. 이러한 가족의 도움은 이 연령대 젊은이들 소득의 절반을 차지한다. 액수로 따지면 평균 8,000 유로이고 현물 혹은 현금으로 제공된다.

경제적 도움을 주는 다른 가족 구성원은 조부모이다. 이들은 점점 더 손자, 손녀들을 돌보는 역할을 수행하고 있다. 조모의 85 퍼센트 그리고 조부의 75 퍼센트는 휴가기간 혹은 젊은 어머니가 일할 때 이런 식으로 손자, 손녀들을 돌보고 있다.

---

(6) 캥거루 족을 풍자한 프랑스 영화 '탕기'의 주인공으로 캥거루 족의 대명사

빈곤상황과는 별개로 세대 간 새로운 소득 재분배를 볼 수 있는 부분은 소득의 변화이다. 즉, 세대 간 소득격차가 엄청나다. 1975년과 2005년 사이 50세 봉급생활자와 30세 봉급생활자 간의 소득격차는 15 퍼센트에서 40 퍼센트로 벌어졌다! 한 해 동안에도 부자지간의 소득격차는 엄청나게 벌어졌다.

2. 기회의 불균등

사회적 지위 향상의 기회가 희박한 실적이다. 2004년 프랑스인 중 60 퍼센트가 자신의 미래에 대해 낙관론을 보였던 반면 자신의 자녀들의 미래에 대해 낙관론을 보인 응답자 수는 34 퍼센트에 불과했다. 이러한 상황에 대처하여 사회적 지위 격하를 예방하는 전략이 추진되게 되었다. 이러한 전략의 도래로 에릭 모랭(Eric Maurin)이 저서 <가능성의 평등(L'égalité des possibles)> 에서 이야기하는 상황이 빌어지게 된다.

즉, 교육기관이 엄선한 전략은 이런 면에서 볼 때 분명한 사실이다. 다시 말해서 모든 교육기관은 등록 학생들의 사회적 지위가 저하되는 열등 사회기관에서 벗어나려고 한다.

주택의 선택에 있어서도 마찬가지이다. 주택가격과 우수 교육기관의 연관성 때문이다. 우수 교육기관은 부유한 동네에 있는 경우가 많아서 돈이 많아야 교육도 잘 받는 실정이므로 불평등은 보다 심화된다. 극빈층 가정의 경우 자녀가 태어나자마자 부유층과의 격차가 발생하며 아이가 학교에 가고 경제활동을 시작하는 과정에서 이러한 격차는 더 벌어진다.

에릭 모랭은 방 하나에 한 명 이상 생활하는 집에 거주하는 청소년들은 학교에서 뒤처질 확률이 두 배 더 높다고 한다. 이러한 이유로 아이가 아주 어릴 때 하는 사회적 투자가 가장 도움이 되고 가장 필요하다. 이렇게 투자를 해서 교육우선지역(ZEP)에 위치한 학교 학생 수를 줄여야 하는 것이다. 또한 장학금을 선별하여 액수를 충분하게 하고 이로서 학생들을 격려하며 수혜자들에게 도움이 되어야 한다.

그리고 젊은이들의 주택에도 투자하여야 한다. 그러나 재정은 빠듯하고 프랑스 교육당국은 교육우선지 역에서 근무하는 교사들의 보수를 실적에 따라 대폭 늘림으로써 이 지역 문제를 집중 공략하는 것을 거부하고 있다. 반면 재정지원은 여전히 조각난 상태이다.

놀랄 것도 없이 프랑스 교육시스템의 소외계층, 즉, 학위를 취득하지 못하고, 학교를 그만두는 사람들이 누군지 살펴보면 경제활동을 하지 않는 가정의 자녀(26퍼센트)나 노동자 가정 자녀(12퍼센트)가 주류를 이루는 반면 부모가 간부급인 아이들(1.2퍼센트)은 거의 없다. 예산이 전혀 들어가지 않는 '대학생 지원 프로그램'은 르네 실베스트르(René Silvestre)[7]가 1988년부터 프랑스 교육부장관 7명에게 제안하였다.

이들 장관은 모두 이 프로그램을 격찬하였지만 이를 실행에 옮긴 사람은 없었다. 그러나 실베스트르는 겉

---

(7) 프랑스 젊은이들에게 교육 및 취업정보를 제공하는 기관인 에뛰디앙
   (L'Etudiant)의 창시자이자 전 대표

보기에 해결이 불가능해 보이는 문제 대부분을 다루었다. 이러한 문제는 학자금 대출에서 아르바이트의 보편화에 이르기까지 다양하다. 그러나 이전 세대는 모든 희망을 물거품으로 만들며 후대를 배신했다. 이들이 무능해서라기보다는 관료주의적인 무기력 앞에 체념해 버린 것이다. 학교의 경우 불평등을 해소하기 위해 존재하는 기관은 아니라서 이러한 불평등을 보고 있을 수밖에 없다. 국가는 기회의 균등을 복원하는 사명을 포기했다.

성인이 되었을 때 이러한 어려운 상황을 극복하는데 성공하는 젊은이들은 재능이 있었거나, 운이 있었거나 자신을 지원해주는 가족이 있었거나 셋 중 하나이다. 그러나 다수의 젊은이들은 자신이 배신당했다고 생각하고 있으며, 이는 충분히 근거가 있다.

3. 재산의 불균등

　　지난 10년 동안 프랑스에서 실시된 사회연구에 따르면 세대별로 재산의 불균등이 크게 달라졌다고 한다. 정기간행물 <사회데이터(Données sociales)>가 최근 발표한 자료에 따르면 세대가 재산의 불균등에 미치는 영향을 수치화하면 10 퍼센트였다. 이는 교육수준이 미치는 영향과 비슷했지만 소득 혹은 사회적 지위가 미치는 영향의 2분의 1이었다.

　　연령별 격차는 벌어졌다. 전체인구의 재산을 100으로 놓았을 때 1992년 30세 미만이 보유한 재산의 중간치는 6.7이었고 30-40세의 경우 83.3, 50-60세는 163.7, 60-70세는 122.4였다. 반면 2004년 30세는4.8, 30-40세는 71.6, 50-60세는 157.8, 60-70세는 142.3이었다. 10년도 채 되지 않아 60세 이상에게 유리한 방향으로 상황이 바뀌었고 이에 따라 지난 20년 간 나타났던 추세가 계속되고 있다.

원인은 여러 가지이며, 이러한 원인의 대부분은 논의되었던 인구변화에서 기인한다. 우선 삶의 주기가 미치는 영향이 있다. 인간은 인생 초기에 소비를 하고, 그 이후 저축을 하며 인생 말기에는 저축을 멈춘다. 요즘은 15-25세 때 집중적으로 교육을 받으므로 경제활동 시작이 늦어졌다. 이것이 첫 번째 세대 간 괴리 요인이다.

그 다음으로는 수명의 연장을 들 수 있다. 인간 수명이 길어지면서 유산을 물려받는 시기도 늦어진다. 몇십 년 전만 해도 유산을 물려받아 가정을 꾸리고 자녀를 키우고 교육시켰다. 오늘날은 고인의 손자, 손녀들이 독립한 후에 유산을 물려받는 경우가 많다.

증여재산이 이러한 불균등 문제를 해소하는데 미친 영향은 미미했다. 프랑스인 8명 중 1명만이 증여재산의 혜택을 보고 있다. 이에 따라 2004년 30세 미만 가정의 20퍼센트가 유산을 물려받거나 증여재산을 받은 반면 40-5세의 경우는 40퍼센트, 50세 이상의 경우 51퍼센트였다.

4. 책임의 불균등

<후즈후>(Who's Who)에 따르면 CAC지수(Cac 40)[8] CEO의 평균연령은 59.4세 정도이다. 상속자가 아닌 이상 50세 미만 CEO는 프랑스 대기업에서 찾아보기 어렵다.

프랑스 국회에서 의원들의 평균연령은 57세이며 40세 미만인 의원은 577명 중 24명밖에 되지 않는다. 상원의원 평균연령은 61세이다. 즉, 이렇게 고령자로 구성된 프랑스 정치인들이 정년을 60세로 정한 것이다. 고령 정치인들이 정년을 이렇게 정한 이유는 두 가지 중 하나일 것이다. 첫째, 이들은 젊은 층에게 일자리 기회를 주기 위해서이다 그런데 이 경우 왜 의원들이 이러한 국가적 의무를 회피하고 고령자가 되어서도 일을 그만두지 않는지 모를 일이다.

---

[8] 프랑스 증권거래소협회(SBF)에서 파리증권거래소에 상장된 40개의 우량종목을 대상으로 산출하여 발표하는 주가지수

둘째, 60세가 지나면 직업활동능력이 감소하기 때문에 정년을 이렇게 정했을 수도 있다. 그러나 왜 '닳고, 늙고, 지친' 의원들에게 법안 가결권을 넘겨야 하는지는 의문이다.

상황은 악화되기만 했다. 1983년 프랑스 국회 의원들은 아직 상대적으로 젊었다. 당시 45세 이상 의원 수가 3분의 1이 조금 되지 않았고, 50대는 4분의 1 밖에 되지 않았다. 반면 현재 50대는 전체 의원의 절반에 가깝다. 다른 유럽국가와의 비교는 시사하는 바가 크다. 예를 들어 프랑스 국회와 영국 하원을 비교해보자. 프랑스의 경우 40세 미만이4.2 퍼센트인 반면 영국의 경우 세 배가 넘는 14.2 퍼센트이다. 이와는 반대로60세 이상 의원은 프랑스에서 30 퍼센트에 가깝고 영국에서는 17.6 퍼센트이다.

상황이 이런데다 의원들은 재임까지 하였다. 따라서 프랑스 젊은 정치인들은 불만을 토로하게 되었다. 이 젊은 의원들은 프랑스에서 '늙은 늑대' 혹은 '코끼리'에 비유되는 고령 의원들이 공천 시 여성 의원, 젊은 의원,

다양한 인종을 포함하게 되어있는 규정을 어떻게 관리하는지 보았기 때문이다. 이 고령 의원들은 자신에게 불리하다 싶으면 이러한 규정을 교묘히 피해갈 방안을 항상 찾아냈다.

5. 다음 세대에게 부채를 남기는 사회모델

이렇게 젊은이들은 30년 동안 쌓인 부채로 구성된 사회모델의 큰 피해자가 되었다. 결과적으로 21세기의 강도행위인 '파산한 할아버지'를 만들어낸 것이다. 노 인의 기준이 되는 연령을 높이려는 정치적 의도는 전적으로 정당했다.

또한 사회보장제도를 보편화하려는 의도도 좋았다. 그리고 모든 국민들이 의학 발전의 혜택을 보게 하고자 하는 의도도 좋았다. 그러나 노동시장의 상황 그리고 교육제도 내 낙오자들로 인해 긴장이 증폭되었다. 반면 주요 인구 동향이 프랑스 국민들에게 현실로 다가오는 가운데 국가는 이러한 현상의 결과를 파악하여 재분배 시스템을 업데이트하지 못했다.

결과적으로 이러한 긴장은 통제가 불가능한 지경에 이르렀다. 미셸 로카르(Michel Rocard) 전 프랑스 총리가 80년대 말 퇴직자들의 일반사회보장보전세(CSG) 감면을 거절하였을 때 퇴직자들로 구성된 로비단체는 그 이후 유럽 선거를 통해 복수를 했다. 이 선거가 세대간 완전한 정의를 실현하기 위한 조치에 대한 것이었는데도 말이다. 메시지는 전해졌다. 다음 세대는 이러한 용기를 내지 못할 것이다.

젊은이들은 이제부터 계속해서 소득, 재산, 중책에의 접근 면에서 모든 불리한 조건을 껴안고 살게 되었다. 전체 젊은 층을 놓고 볼 때 사실 15-25세가 엄청난 불균등을 경험하고 있다. 또한 이들이 처한 불리한 여건으로 인해 악순환이 이어지고 있다.

즉, 돈이 적으면 지리학적, 사회적으로 불리한 환경에서 살게 된다. 그러면 가장 수준이 떨어지는 교육기관에서 경험이 부족한 교원들로부터 교육을 받게 된다.

이것이 젊은이들이 겪는 불균등의 악순환이다. 일부 경우 젊은이들에게 더 많은 기회를 제공하고 이들에게 유리한 환경을 조성하고자 이러한 상황에서 탈출하려는 의지를 보이기도 한다. 그러나 이러한 노력이 전반적인 전망을 바꾸어놓지는 못한다. 즉, 사회지위 향상의 기회가 차단되고 기회의 균등이 깨어지는 현상은 계속되는 것이다.

젊은이들을 우선시하는 교육지출을 했더라면 세대간 부의 분배는 보다 제대로 이루어졌을 것이다. 그러나 지금까지 모든 프랑스 교육부장관들의 경우를 보았을 때 유치원에서 대학에 걸쳐 이루어지는 국가 투자는 30년 동안 거의 늘지 않았다. 그리고 지난 10년 동안 프랑스 교육지출은 국가 GDP보다 성장속도가 느렸다. 결과적으로 끝까지 교육과정을 이수하지 못하는 학생들이 생기게 되고 불균등은 계속되었으며 악화되기까지 했다. 결국 젊은이들이 피해자가 되었으며 특히 학위를 취득하지 못하고 학교를 그만두는 젊은이들이 큰 피해자가 되었다.

지난 30년 동안 젊은이들은 희생자가 되어왔다. 반면 국가는 이들을 위한 '계획'이라든지 '계약' 등 온갖 종류의 그럴싸한 대책을 제공하며 양심 있게 행동하는 척 했고 국가는 이들을 잊지 않았다는 것을 입증하려 했다. 그러나 사실상 프랑스 사회모델 하에 기성세대는 젊은 세대에게 더욱더 부채를 남기게 되었고 젊은이들은 이 액수를 부담하게 되었으며, 젊은이들의 문제에는 무관심했다.

국가는 이 모델을 현대화하기는커녕 성역화 하였다. 이러한 과정에서 국가는 국민들에게 거짓 약속을 했으며, 특히 한탄스러운 일은 프랑스 좌파와 우파 모두 토니 블레어(Tony Blair)의 경제정책을 한 목소리로 신랄하게 비판했다는 점이다. 장 피에르 라파렝은 "내 오른편에 사람이 너무 많아서 감당을 못하겠다."고 농담을 했다. 이런 라파렝의 발언으로 모든 프랑스 구세대 좌파는 그리 기대하지 않았던 도움을 받게 된 것이다.

이렇게 프랑스의 '모델'은 맹목적으로 유지되었다. 이러한 과정에서 경제에서 흔히 이야기하는 '운신의 폭'

을 낭비했다. 반면 기성세대가 그렇게도 많이 가져간 보
상금을 젊은이들에게는 주지 않았다. 머지않아 계산서를
받으면 젊은이들은 이러한 상황을 깨달을 것이다.

제3장 파산에 이른 할아버지

프랑스에서 즐겨 하는 정치적 논쟁은 원칙에 초점을 맞출 때가 너무 많고, 현실적 제약에 초점을 맞추는 경우는 드물다. 사실 적게 일하고 많이 버는 것, 혹은 최신의학기술의 혜택을 받는 것을 사람들이 선호하는지가 중요한 것이 아니다. 그것은 각자가 잘 알 것이다.

즉, 각 개인은 항상 질병, 폭력, 실직, 사고위험에서 최대한 자신을 보호하고 싶어 한다. 현대 국가의 의무는 소득을 공정하게 분배하는 것이다. 그리고 국민들의 평등을 실현하는 공공서비스를 제공하는 것이다. 이렇게 함으로써 위에 열거한 불안정한 상황으로부터 국민들을 보호할 수 있다.

이것이 바로 국가의 로드맵이다. 그러나 사람들의 욕구는 끝이 없고, 자원은 한정되어있고, 국가는 유로존에 머물고 싶어 하는 상황에서 모든 것이 가능한 것은 아니다. 따라서 선택해야 하며, 이러한 선택을 정치인들은 '중재'라고 한다. 국가 예산을 '적게', '다르게', '잘' 써야 한다. 과세의 경우 반드시 '적게' 해야 하는 것은 아니며, '다르게' 그리고 '잘' 해야 한다.

국가는 예산을 '적게' 써야 한다. 프랑스의 부채가 계속되어 재정적자를 감당할 수 없기 때문이다. 캉드쉬(Camdessus)와 페브로(Pébereau) 보고서는 이 점을 많은 부분에서 강조하고 있다.

국가는 예산을 '다르게' 써야 한다. 예전에 필요했던 공공지출이 오늘날은 더 이상 정당화되지 않기 때문이다. 기술이 발전하였고 민간부문에서 이러한 지출을 대체할 수 있으며, 예산을 할당할 인구가 없어지고 있기 때문이다. 혹은 예전 정부가 이미 같은 일을 해 왔다.

국가는 예산을 '잘' 써야 한다. 절차가 여전히 너무 복잡하다. 지출을 평가하는 경우는 드물며, 비용을 적게 들이고 같은 결과를 얻을 수도 있다. 개인 혹은 단체에 동기를 부여하고, 이들에게 보상을 해주고, 책임을 부여하는 것은 아직 초보단계에 있기 때문이다.

과세를 '적게' 한다? 납세자들에게는 반가운 소식이 겠지만 프랑스 공공재정 형편상 몇 년 동안 세금을 줄이지 못했다.

그러면 과세를 '다르게' 그리고 '잘' 한다. 여기서 앞으로 이루어질 세대 간 노력의 분담문제가 제기된다. 세제와 사회보장이 국가 간, 특히, 유로존 국가 간 경쟁의 핵심 쟁점이 되는 점을 고려해보면 그렇다. 프랑스와 다른 EU 국가들 사이의 세율이 지나치게 차이가 나면 이미 축적해 놓은 자본뿐 아니라 젊은 봉급생활자와 잠재력과 창의력을 갖춘 젊은이들이 프랑스 밖으로 빠져나갈 것이다. 그렇게 되면 프랑스 입장에서는 그만큼 국부유출을 겪는 것이다.

'할아버지 파산'의 세 가지 중심축은 부채, 의료지출, 노후재정이다. 30년 동안 이러한 쟁점을 다루는 것을 포기하고 이에 대해 소홀히 한 결과 이 세 가지 중 어떤 것도 제대로 다루어지지 않았다. '파산 할아버지'는 단지 도덕적 잘못만은 아니다. 경제적, 사회적 오류이기도 하다. 젊은이들은 대가를 지불하는 것은 불가피하다. 모든 세대를 통틀어서 모든 사람도 어느 정도는 비용지불에 참여한다는 조건으로 말이다. 앞으로 프랑스의 사례를 살펴보겠지만 한국 젊은 세대에게도 시사하는 바가 있을 것이다.

사실 인구변화가 한국 경제에 엄청난 영향을 미칠 가능성이 있다. 또한 한국은 프랑스와 다른 상황에서 출발하기는 하였지만 프랑스와 마찬가지로 인구변화로 인해 사회보장제도 특히 퇴직연금에 큰 영향을 미칠 가능성이 있다. 실제로 수학적으로 따져보면 한 국가의 인구구조는 활동인구수에 영향을 미친다. 한국의 경우 활동인구는 15-64세에 해당한다.

2016년이면 한국의 경우 활동인수는 최대 3천5백2십만 명에 달했다가 점차 줄어들어 2050년이면 2천2백4십만 명으로 감소할 것이다. 얼마 전까지만 해도 한국에서 65세 이상 고령자 1명 당 활동인구 수는 8명은 족히 되었다. 그러나 21세기 중반이면 이 수치는

1.4명으로 줄어들고, 이 기간 평균수명은 78세에서 86세로 증가할 것이다.

그러면 다른 국가와 마찬가지로 한국의 고령자들도 젊은이들에게 비용지불을 요청할 것이며, 고령자들을 위하여 정부에 의존할 수밖에 없다. 아무 조치도 취하지 않으면 세대 간의 파괴적인 충돌이 가져올 여파는 엄청날 것이다.

1. 부채: 21세기의 강도행위

진단결과는 나왔다. 25년 만에 프랑스의 부채는 5배 증가하여 2006년 초에는 1조 천억 유로를 넘어섰다. 이는 프랑스 GDP의 2/3가 넘는 액수이다. 여기에'계획에 없던' 기타비용이 추가 되었다. 그 대표적 예가 공무원 퇴직연금이다. 페브로 자료에 의하면 이러한 비용은 최소 4천억 달러로 추정된다. 반면 라퐁텐(La Fontaine)의 우화에 비유해보면 프랑스가 매미(9)인 반면 한국은 개미인 것 같다. 한국일보에 따르면 2007년 말 한국의 공공부채는 3천9억 달러로 프랑스의 5분의 1이었다.

기획재정부의 통계자료에 따르면 한국의 공공부채는 2007년 161억 달러 더 증가하였는데 이는 정부가 금융시장 안정화를 위해 추가 지출을 하였기 때문이었다. 또한1인당 부채는 2007년 6,200달러였으며, 이 수치는 전체인구를 4천8백만4천명으로 계산한 것이다.

10년 전 아시아 외환위기가 닥쳤을 때 IMF에 구제 지원액으로 기록적인 5백7십억 달러를 요청했던 국가로서는 놀라운 실적이다. 그 이후 한국의 재정적자는 GDP의 1.5 퍼센트까지 떨어졌으며, 이는 프랑스 재정적자가 GDP에서 차지하는 비중과 2001년부터 IMF에 상환한 부채의 절반도 채 안 된다.

프랑스는 훨씬 더 부채가 많다. 사실 프랑스는 유럽에서 지난 10년 동안 부채가 가장 많이 증가한 국가이다. 간단한 이유는 프랑스의 GDP의 53.5 퍼센트를 차지하는 프랑스의 지출이 정부수입보다 항상 더 증

---

(9) 흔히 '개미와 베짱이'로 알려진 우화에서 베짱이 역을 가리킴

가하였기 때문이다. 프랑스 의무 과세율이 상당히 높은데도 이러한 상황이 발생하였다.

유로존의 평균 과세율은 GDP의 39.5 퍼센트, G7 평균은 35퍼센트인데 비해 프랑스의 경우는 44 퍼센트이다. 지출을 많이 하는 국가가 성장은 하지 못하고 실업률은 높다는 점이 시사하는 바는 무엇인가? 세 가지 시사점이 있다. 첫째, 프랑스는 공공재정을 제대로 관리하지 못했다. 둘째, 강한 성장률과 낮은 금리가 계속되는 시절에 부채를 경감하기는커녕 지지율을 얻고 공무원을 고용하는데 돈을 썼다. 셋째, 젊은이들이 정부지원의 혜택을 보지 못하고 정부 예산이 바닥나버렸다.

적자로 인해 연구나 고등교육에 투자도 못하고 연금을 위해 예산을 할당하지도 못했던 것이다. 경제적 원리에 따르면 국가의 부채는 긍정적일 수 있다. 이 부채로 미래 지출을 감당하고 부채가 광범위한 의미에서의 공공투자를 하는데 쓰인다는 전제하에 말이다. 즉, 기업이 대출하여 투자를 하는 것과 같은 이치이다.

그러나 이와 반대로 프랑스는 지난 25년 간 이렇게 미래에 대한 투자를 하지 못했다.

다음 장에서 다루겠지만 연구개발이나 교육에 대한 노력은 정체되었다. 게다가 공공투자는 줄어든 반면 공공부문 인력은 300,000명 더 늘어났다. 국가 프로젝트를 줄이는 상황에서도 말이다.

페브로 보고서의 결론처럼 "부채의 증가요인은 국가의 재정에 충당하고, 보건 및 실업수당에 관련 된 증대부분을 다음 세대에 떠맡기게 되었다. 반면 젊은 층은 기본적으로 국가가 부여하는 혜택에서 배제된다." 정치인들은 유세 때 공약을 내걸지만 사실 하늘에서 갑자기 돈이 떨어져서 기적적으로 적자를 해소하는 산타클로스 같은 경제정책은 존재하지 않는다.

반면 실질 금리가 성장률보다 높아지면 공공부채가 갑자기 불어나는 '눈덩이 효과'는 있다. 이러한 상황이 발생하면 재정비용이 계속 늘어나고 이에 따라 다음 해 공공적자와 부채도 늘어난다. 프랑스 재무부장관이 실토한 바 있듯이 2006년 처음으로 "프랑스 가구 전체가 지불하는 소득세는 미래를 준비하고 공공서비스를 강화하는데 쓰이기보다는 사실상 공공부채의 이자를 상환하는데만 쓰일 것이다."라고 밝힌 바 있다.

모든 정부계획에 있어서 재정비용이 감당할 수 없을 지경에 이르렀다. 프랑스 재정비용은 2005년 420억 유로에 달했고, 이는 정부수입의 18 퍼센트에 해당하는 수치였다. 한편 2001년 프랑스 텔레콤(France Télécom)이 파산 지경에 이르렀을 때 이 수치는 이 기업에 대해 7 퍼센트였다.

프랑수아 피용(François Fillon) 총리는 적자가 어느 정도까지 이르렀는지를 강조하기 위해 '파산'이라는 말을 서슴지 않고 언급했다. '파산'이라는 단어 사용이 어쩔 수 없었던 것은 대금업자가 계속해서 유리한 이자율로 국가에게 돈을 빌려주게 하는 프랑스의 '불후의 명성' 때문이다.

이러한 조건이라면 향후 몇 십 년 동안의 프랑스의 운신의 폭은 어떻게 될까?

2008년 금융위기 발생이전 이미 적자추세로 천문학적인 공공부채를 떠안게 될 것이라는 예측이 있었다. 페브로 보고서는 2020년에 부채비율이 130 퍼센트, 2030년 200 퍼센트, 2040년에 300 퍼센트에 달할 것이라고 예상하였다. 금융위기의 발생 후 은행도산을 방어하고, 자동차 업계의 붕괴를 막고, 소비를 진작하여 일자리를 보호하기 위한 대규모 국가지원으로 적자와 부채는 한층 더 불어났다.

지난 십 년 간 회생경험으로 강해진 한국은 자발적인 경제활동에 재정지원을 할 수 있을 것이다. 그러나 한국도 새로운 부채를 막을 수는 없다. 그러나 프랑스 매미가 들려주는 교훈은 무엇인가? 감당해야 할 부채와 현재 정부지출, 특히 공무원 관련 비용이 자연히 늘어나면 공공지출에서 어떤 부분이 가용하겠는가? 거의 가용할 액수가 없다.

오늘날 경제활동을 시작하는 젊은이들은 부채를 갚고, 이들 이전에 고용된 공무원들의 임금을 지불하고 부모의 연금을 지불해야 할 것이다. 그러나 정부지출을 지원하고 이 젊은이들의 자녀의 미래를 준비하기 전에 금고는 텅 비게 될 것이다. 이것이 21세기의 강도행위이다!

2. 건강보험: 출혈

세월이가도 되는 일은 없다. 프랑스 국가의료보호관리공단(CNAM)이 마지막으로 흑자를 기록했던 때는 1988년으로 거슬러 올라간다. 1995년부터 CNAM는 만성적인 적자를 기록하여 적자액은 2002년에 60억, 2003년에 110억, 2004년에 130억, 2005년에 80억 유로였다. 그러나 최악의 상황이 기다리고 있다.

프랑스 건강보험위원회의 2004년 보고서에 따르면 건강보험 적자는 2010년 270억에서 390억 유로에 달할 것이며, 2020년이면 600억에서 1050억 유로에 달할 것이라고 예상했다. 또한 건강보험 적자를 만회하려면 다음과 같은 조치 중 하나를 취해야 한다고 했다.

- 일반사회보장보전세(CSG)를 2020년까지 5.25퍼 센트에서 10.75 퍼센트로 2배 늘린다.

- 건강보험 부담률을 76 퍼센트에서 55 퍼센트로 21 퍼센티지 포인트 낮춘다.

- 매년 150억에서 300억 유로를 절약한다.

이쯤 되면 문제의 심각성을 알 수 있다. 모든 프랑스 행정부는 예외 없이 지출 폭을 줄이려고 애썼다. 예를 들어 의료비 책정 시스템을 바꾼다든지 의료행위를 분류하였으며, 2004년 8월 13일자 발효된 법은 조회 가능한 진료차트와 주치의의 왕진을 의무화하고 있다. 건강보험위원회는 고급공무원들을 위해 완곡어법을 사용하여 다음과 같이 말했다.

"상황이 워낙 좋지 않아 이러한 개혁만으로 2007년까지 재정적자를 해소할 가능성은 없었다." 달리 말해서 프랑스 건강보험은 지속적인 출혈에 시달리고 있는 것이다.

정치적 용기를 내지 못했던 프랑스 정권들은 심각한 부채에 시달리는 모든 희생자들처럼 난관을 벗어났다.

그 난관을 벗어나는 방법은 부채상환기한을 연장하는 것이었다. 베이비붐 세대는 유권자들의 심기를 불편하게 하지 않기 위하여 정부는 '파산 할아버지'를 숨기고 다음 세대에게 부채를 넘겼다. 재무부에는 타르튀프(10)가 있는 것 같다.

프랑스 건강보험위원회는 2004년 보고서에서 "이렇게 무작정 빚을 질 수는 없다. 다음 세대가 현재 지출로 인한 부채를 갚을 여력이 안 된다는 면을 볼 때 이렇게 빚을 지는 것은 도덕적으로 합당하지 않으며 재정적 면에서도 국가를 파멸로 몰고 가는 행위이다."라는 직언을 하기는 했지만 결국 희망사항일 뿐이었다.

2004년 8월 13일자 발효된 법이 이러한 보고서의 권고와는 반대로 본래 2004년 말까지였던 사회부채 상환기간은 부채를 다 갚을 때까지 무한정 연장되었다. 정부 추정치에 따르면 2024년에서 2033년 사이에 부채를 다 갚을 것으로 보인다.

---

(10) 프랑스의 극작가 몰리에르(Molière)의 희곡에 등장하는 타락한 사기꾼 성직자. 위선적인 인물의 대명사

이러한 범죄행위에 대해서는 암묵적인 동의가 이루어졌다. 심지어 이러한 행위는 계획적이기까지 했다. 건강보험위원회 보고서에 이런 말이 있기 때문이다. "사람들은 이 적자를 제대로 체감하지 못하고 있다. 사회보장 납입금을 올린다든지 환급을 줄이는 등 당장의 노력으로 적자문제가 해결되는 것이 아니기 때문이다. 프랑스는 다음 세대에 이 노력을 떠넘기는데 익숙해졌다. 그리고 오늘날 경제활동을 시작하는 젊은이들은 향후 20년 동안 위 세대의 의료비를 감당하기 위해 자 신의 소득이 깎여나가는 것을 목도할 것이다." 보고서는 이런 말도 덧붙인다. "그리고 이 젊은이들이 앞으로의 의료비도 부담해야 할 것이다." 즉, 과거에 지나치게 젊은이들에게 투자를 하지 않았던 베이비붐 세대가 은퇴를 하면서 보건지출이 크게 늘 것이기 때문이다. 재정부담을 자녀들에게 떠넘기는 이 세대는 사실 향후 보건지출을 가장 많이 할 것이다.

왜냐하면 쉽게 이해할 수 있듯이 고령 인구에 들어가는 보건비용이 가장 크기 때문이다. 연령대별로 보면 65-69세는 1년에 평균 3,000 유로를 보건비용으로 지출하고, 85세 이상은 6,000 유로 이상을 지출한다. 반면 전체 인구 평균 보건비용지출은 1,800 유로이다. 15-20년 내에 이러한 격차는 아무리 잘해도 유지되는 수준일 것이고 사실 더 벌어질 가능성이 크다.

1965년에 30세였고 현재 70세인 사람은 2020-2030년에 70세가 될 것이고 1980년대 30세였던 사람보다 보건지출을 더 적게 해왔으므로 더 많은 것을 요구할 것임에 틀림없다.

결국 2장에서 설명한 인구학적 교훈을 되새기지 않으면 인구변화의 부정적인 영향에 대한 파악은 완전하지 않을 것이다. 현재 인구의 20 퍼센트를 차지하는 60세 이상 인구는 2020년에는 4분의 1 이상을, 2050년경에는 3분의 1을 차지할 것이다.

3. 연금: 시한폭탄

누가 연금이라는 시한폭탄에 대해 이야기했던가? 바로 미셸 로카르(Michel Rocard)가 80년대 말 프랑스 총리로 재임하던 시절이었다. 로카르는 이런 말을 덧붙였다. "연금은 여러 정권을 날려버릴 위력이 있다."

일촉즉발의 상황을 야기할 수도 있는 연금재정문제는 전적으로 세대적 문제이기도 하다. 프랑스에는 '세대 간 유대 원칙'에 근거하여 부를 재분배하는 제도가 있다. 매년 활동인구가 내는 사회보장납입금으로 연금을 지불한다. 이 지불액이 충분하다면 아무 문제가 없다. 그러나 활동인구가 전체인구에서 차지하는 비중이 줄어들면 이러한 비용을 부담하기가 어려워진다. 이것이 바로 프랑스가 처한 문제이다. 부의 재분배에 대한 보완책으로 자본화 제도가 있다.

이 제도에 따르면 향후 은퇴할 사람들이 자신의 경제활동기간 사회보장납입금을 지불하는 것이다. 이 돈을 적금에 붓고 이자를 얻어 향후 노후생활에 보태는 것이다. 프랑스에서 이 시스템은 불안조성요인이 된다. 왜 냐하면 소득격차가 분명해지고 프랑스의 사회모델의 '민 영화'의 전조 같기 때문이다. 이것이 2003년 피용 총 리의 법에 반대하는 시위의 배경이었다. 당시 시위자들 은 '세대 간 유대는 분배'라는 슬로건을 내걸었는데 이 는 누워서 침 뱉기의 좋은 예이다. 분배 시스템이 현 상 태대로 유지된다면 사실상 젊은이들은 파산에 처할 것 이 때문이다.

재정문제는 다른 유럽국가와 마찬가지로 프랑스 에서 중요한 사안이다. 유로존 연금 총액은 1960년 GD P의 6 퍼센트였던 것이 최근 12 퍼센트까지 올랐다. 프 랑스의 경우 13 퍼센트이다. 국가마다 차이는 있겠지만 연금이 GDP에서 차지하는 비중은 2050년까지 3에서 5 퍼센티지 포인트 오를 것으로 보인다.

2005년 프랑스의 일반노령보험은 20억 유로의 적자를 기록했다. 이는 1998년 이래 첫 적자이다. 하지 만 이런 추세는 당분간 계속될 것으로 보인다. 2007 년만 보더라도 40억 유로였다. 개혁이 이루어지지 않으면 인구 고령화로 인해 사회보장 납입자와 은퇴자의 비율은 좋지 않은 방향으로 바뀔 것이다. 1975년 은퇴자 한 명 당 세 명 이상의 납입자가 있었던 반면 현재는 1.5 명을 넘을까 말까 할 정도이고 2050년에는 1명도 안 될 것으로 보인다.

현 연금제도는 내일의 활동인구, 즉, 오늘의 젊은이들에게 막중한 부담을 안겨주는 동시에 국가 전체를 마비시킬 가능성이 있다. 지난 20년 동안 공공부문 고용으로 인해 연금 부담이 가중되어 국가 예산의 운신의 폭은 제로가 되었다. 이제 국가는 교육, 연구, 인프라, 공공서비스에 투자할 수 없을 수도 있다. 이제 프랑스는 '거지화'와 '민영화'가 주는 젖을 먹고 자랄 것인가?

이런 파국적 시나리오에서 벗어날 시간은 아직 있다. 그러나 빨리 행동을 취해야 한다. 미셸 로카르는 <연금에 관한 백서(Livre blanc sur les retraites)>를 통해서 연금에 대한 상황을 알렸고 노사는 문제파악을 할 수 있었다. 그러나 그로부터 너무나 많은 시간이 지

났다. 지난 15년 동안 특별연금제도 개혁을 제외하면 주
요 개혁은 두 번 일어났을 뿐이다.

특별연금제도 개혁은 1995년 알렝 쥐페(Alain Ju-
ppé) 당시 프랑스 총리의 다른 계획과 더불어 무산
되었다. 이때 세대 간 갈등을 조금이나마 실현시킬 수
있는 기회를 놓쳤다는 것을 인식하지 못하는 젊은 시위
자들은 크게 기뻐했다.

1993년 데우아르 발라뒤르(Edouard Balladur) 당시
프랑스 총리는 연금 1개 당 필요한 납입 연수를 매년
할당된 전액을 납부하는 것을 기준으로 37.5년에서 40
년으로 연장하였으며 지급률은 지난 10년 기준 대신 25
년 기준으로 변경하여 연금대상자를 소득의 변화가 아
닌 생활비에 따라 구분하였다.

2003년 라파렝 정부는 피용 법에 따라 공무원과
민간부문 봉급생활자들에게 같은 기준을 적용하여 모든
봉급생활자들의 사회보장납입연수를 점차 늘려 2020
년에는 42년까지 늘리기로 하였다. 또한 라파렝 정부는

공무원 연금 분류도 변경했다. 이와 더불어 지난 10년 동안 여러 복잡한 조치를 통해 자본화 제도를 도입했다.

그게 전부였다. 별거 없다. 개혁 전이나 후나 사회보장 납입기간이 꽤 긴 사람들은 전액 혜택을 받으며 60세에 연금을 청산할 수 있을 것이다. 또한 65세에 세금감면은 없어진다. 경제활동을 더 늦게 시작한 사람만 실제로 연금혜택을 받고 나이를 몇 개월 늦춰서 2025년부터 400,000 활동인구를 유지할 수 있을 것이다. 그때쯤 되면 퇴직자 수도 그 정도는 될 것이다.

퇴직자상담위원회에 따르면 이대로라면 연금으로 인한 재정적자는 2050년에도 여전히 GDP의 3퍼센트를 차지할 것이다. 그러면 어떻게 해야 하나?

먼저 세대 간 유대라는 엄격한 규칙으로 돌아와야 한다. 평균수명이 길어지면서 모든 것이 바뀌었다. 1910년에 태어난 사람들의 경우 은퇴 후 삶의 기간은 평균 10년이었고, 1930년에 태어난 사람의 경우 17년이었다. 1970년에 태어난 세대는 이 기간이 23년이 될 것이다.

그러면 논리적으로 생각해보자. 과거에 살았던 사람보다 건강상태가 더 양호한 현재 60세인 사람이 더 일찍 은퇴를 하란 법이 어디 있겠는가? 여기서 모순은 분명하고 특히 은퇴연령이 58세 밖에 되지 않으며 55-64세 중 37퍼센트만이 경제적 활동을 하는 프랑스에서 모순은 더욱 심해진다. 참고로 55-64세 중 경제석 활동을 하는 인구 비율의 EU 평균은 41퍼센트이다.

이러한 모순이 생긴 이유는 잘 알려져 있다. 한편으로는 프랑스 은퇴자들은 유럽에서 가장 연금혜택을 많이 받는 편에 속한다. 이들의 생활수준은 프랑스의 다른 연령대의 그것과 분명 같은 반면 다른 EU 국가의 활동인구의 생활수준보다는 10퍼센트 낮다. 그렇다고 해서 프랑스 고령자들이 경제활동기간을 연장하려고 마음먹는 경우는 거의 없다.

반면 맬더스의 '노동분담'이라는 개념으로 일자리 창출 없이 은퇴를 앞당기는 조치로 비용이 크게 초래되었다. 그 결과는 참담하다. 프랑스인들은 조기퇴직과 연금에는 돈을 더 쓰면서 사회보장 분담금은 덜 받는다.

　이렇게 파산 할아버지는 몇 세대에 걸쳐 존재하고 있다. 30년 내 연금을 대폭 줄이는 획기적인 조치를 취하지 않는 한 말이다. 그러나 그런 경우에도 오늘날의 젊은이들이 희생자가 될 것이다! 가난한 젊은 시절을 보낸 다음에 기다리고 있는 것은 가난한 노후시절이란 말인가?

　가장 힘든 직종은 제외하는 것을 조건으로 도덕적으로나 경제적으로나 법적 정년을 늦출 필요가 있다. 다른 모든 유럽 국가들은 이미 그렇게 하고 있다. 독일에서는 정년을 점차적으로 늦춰서 2011년과 2034년 사이에 65세에서 67세로 늦출 것이다. 이탈리아의 경우 2008년부터 남성은 65세, 여성은 60세로 할 것이다. 영국은 2024년 65세에서 66세로 늦출 것이고 2034년에는 67세, 2044년에는 68세로 늦출 것이다. 스웨덴의 경우 정년이 아예 없어지고 최소 정년연령을 61세로 정해놓기만 것이다.

　한국의 경우 2007년부터 여러 계획을 고려한 결과 정년을 몇 년 연기하여 향후 20년 동안 65세까지 연장하는 것이 목표이다. 프랑스의 경우 2006년부터 퇴직자 수가 더욱 급속히 증가함에 따라 긴박감이 더욱 고조되고 있다. 이것이 '타이타닉 신드롬'이다. 즉, 베이비붐 세대가 배를 떠나는 현상을 말한다.

예상되는 연금의 상대적인 수축은 자본화로 보상할 것이다. 자본화의 상섬은 또 있다. 자본화로 징기지축을 장려하고 프랑스 시장에 투자하는 프랑스 자본 비율을 높일 수 있다. 그러나 자본화가 강화되면 결국 현재 활동연령대인 사람들은 액수를 두 배로 지불하게 될 것이다. 다시 말해서 한편으로는 자본화로 자신의 미래 연금을 지불하고 다른 한편으로는 분배로 부모의 연금을 지불할 것이다.

이러한 개혁이 일찍 이루어질수록 젊은이들이 부담하는 재정부담은 덜 고통스러울 것이고, 세대 간 유대는 더욱 견고해질 것이다. 젊은이들은 시간이 자신을 거슬러서 간다는 점을 잊어서는 안 된다.

제4장 희생된 교육

프랑스 대학생이 스위스나 미국 대학생과 다른 점은 무엇인가? 교육의 빈곤과 취업의 취약이다…….

에어버스가 프랑스 경제의 허점을 가리는데 충분하지 않듯이 프랑스의 그랑제꼴과 일부 일류 연구소가 프랑스 고등교육이 몇 십 년 동안 뒤쳐온 것 숨길 수는 없다.

그러나 교육 책임자들의 노력은 아무리 강조해도 지나치지 않을 것이다. 교사에서 학교 행정 담당자에 이르기까지 프랑스에는 요청하지 않아도 알아서 일을 열심히 하는 사람들이 정말 많다. 이들은 강제로 하는 것보다 일을 훨씬 잘한다. 간단히 말해서 이들은 어떤 상황에서도 성실함을 보이는 것이다.

교육은 그 자체로 가치가 있는 것이고 학생들에게 이들이 마땅히 얻어야 할 기회를 제공한다는 신념하에 일하는 것이다. 보조교사들은 학생들을 노동시장에 보내서 노벨 물리학상에 이르게 하기도 했다. 이들은 적은 임금을 받고, 관심을 받지도 못하고 격려도 받지 못하고 승진도 제대로 하지 못한다. 뿐만 아니라 이들은 세상이 주는 절호의 기회가 왔을 때 이를 정중히 거부한다. 이러한 프랑스의 영웅들로 인해 부채 납입기한은 연장되었고 문제의 심각성은 희석되었다.

매우 오랜 기간 프랑스의 빌타뇌즈(Villetaneuse), 낭테르(Nanterre) 혹은 톨비아크(Tolbiac) 같은 대학교에서는 강의 시간에 맞춰 학교에 가면 되었다.   그러나 최근 계단식 강의실이 학생들로 넘쳐나서 시청각 환경이 매우 열악하게 되어 이제 한계에 이르렀다. 작업실은 극히 드물다. 전체 교육환경이 악화되었다. 정보설비는 접근이 불가능하거나 품질이 떨어진다. 자료 관리도 열악한 수준이고 어학실도 시설이 좋지 않으며 시청각 커뮤니케이션 기기도 접근이 불가하거나 고장 난 상태이다.

그리고 학교 기본 시설이 최소 수준으로만 유지되고 있거나 아예 없다. 대표적인 예가 기숙사이다. 이 학교에서 몇 킬로미터만 가면 에콜폴리테크닉(Ecole polytechnique) 캠퍼스가 있는 팔레소(Palaiseau)가 나온다. 이 학교 분위기는 완전히 다르다. 현대식 건물은 잘 관리가 되어있고 첨단설비를 사용하며 모든 공간을 자유롭게 사용할 수 있고 활발한 분위기에다 공용관과 체육시설 내에 기숙사 시설도 있다.

이렇게 시설이 좋은 데는 이유가 있다. 프랑스 정부는 에콜폴리테크닉 학생 1명당 37,700유로를 투자하는 반면 파리 11대학(Paris 11 Orsay)에는 이 액수의 10분의 1에 가까운 4,240유로를 투입한다. 파리11대학이 프랑스의 명문 이공대학인데도 말이다. 교원 수도 상당히 차이가 난다. 파리11대학의 경우 교원 수가 학생 100명 당 7명인데 비해 에콜폴리테크니크의 경우 학생 100명 당 25명이다.

20세기 초에 이미 기차나 여객선에서 소수의 승객을 위한 1등석이 있었고 2등, 3등석이 있었다. 그러나 이들의 도착지는 결국 같았다. 프랑스의 고등교육은 지난 세기의 교통수단에서 영감을 받은 듯하다. 그것도 매우 자세히 말이다. 즉, 여객선이 풍랑을 만나면 어떤 승객은 뱃전으로 내밀리고, 이들이 어떻게 될지 관심을 가지는 사람은 없다. 운이 좋으면 구명보트에 타고 나머지는 희생된다.

1등석에 탄 사람들은 경영 혹은 공학을 전공하는 그랑제꼴 학생들이다. 2003-2004년 프랑스에서 이들의 수는 154,000명이었다. 이들은 전체의 7%에 해당하며 졸업하고 안정적인 직장을 찾으며 구조조정시기를 제외하면 거의 실직을 당하는 일이 없다.

2등석의 경우 4년제 대학을 다니지 않으면서 은근히 고등교육의 혜택을 본다. 이들은 기술대학(IUT)에서 공부하거나 고등기술자격증(BTS)을 취득하는 사람들로 전체의 15 퍼센트를 차지한다. 이들의 교육은 대학교보다 짧지만 보다 전문적이다. 이들 역시 교육과정을 마치면 전공을 꽤 살려서 안정된 직장을 얻는다. 이들이 간부급으로 올라가는 경우는 그랑제꼴 출신보다 적지만 말이다.

그 외 승객은 백3십만 명이며 전체의 57 퍼센트에 해 당한다. 이들은 여객선을 탔다기 보다는 노예선을 탄 것 에 가깝다. 이들은 사실 고등교육을 받고 나서 좌절하고 직장을 구하는데도 어려움을 겪는다.

이상은 로렁 슈왈츠(Laurent Schwartz) 교수가 긴박감을 가지고 1983년 쓴 <대학을 구하기 위하여>(Pour sauver l'Université)에서 제시한 시나리오이다.

한국의 경우는 어떠한가? 2004년 발간된 OECD의 PISA 연구에 나타난 15세 청소년의 학업성과를 살펴보면 한국은 일본과 더불어 선두그룹에 든다.

따라서 한국의 교육시스템은 실력 있는 학생을 키워내는데 효율적으로 보이며, 이와 더불어 한국의 문맹률은 제로에 가깝다. 그러나 정부가 이러한 훌륭한 결과를 만들어내었다고 보아서는 안 된다.

조사결과에 따르면 한국의 학부모, 학생뿐 아니라 교원들조차도 사실 한국의 교육제도는 효과적이지 못하고 능률도 떨어진다는 말을 자주 한다. 그러면 한국이 OECD 연구에서 뛰어난 결과를 보인 원인은 무엇일까? 학생들이 대대적으로 사교육에 의존하기 때문이다.

한국에는 특정 과목을 가르치는 민간 운영단체인 '학원'이 존재한다. 초, 중, 고등학생 그리고 대학생들은 방과 후 학원에서 수업을 듣는다. 부모들은 자녀들이 공교육보다 질 높은 교육을 받게 하고 사회에 진출해서도 성공하게 하기 위해 자녀들을 학원에 보낸다. 사실 한국 부모들은 아이들의 성적을 높이는데 혈안이 되어있다.

사실 지난 10년 동안 한국의 발전 이면에는 한국사회 특유의 경쟁의식 및 일류추구가 있었다. 심지어 교사들도 학생들에게 학원에 갈 것을 강력히 추천하거나 심지어는 의무화하기도 한다. 실제로 학원에서는 강사가 학생에게 일대일 지도를 해주며 학원강사가 교사보다 교육을 더 잘 받고 연봉도 높은 경우가 많다.

따라서 한국 학생들이 실력이 좋은 것은 정부가 보이는 일종의 수동적인 태도와 부모의 희생에 의한다고 할 수 있다. 결국, 돈이 있으면 더 좋은 교육을 받는 이야기가 나온다. 어떻게 보면 이는 불균등의 심화라고 할 수 있다. 즉, 한국의 서민들은 아이를 대학에 보내기가 어려우며 중산층이 많은 한국에서 불평등은 심각해진다.

사실 중립적 입장의 관찰자는 프랑스 모델도 한국 모델도 모두 거부할 수 있을 것이다. 한 편으로 프랑스 모델은 국가의 고액 투자에 의존하고 있다. 즉, 국가 주도의 교육시스템인 것이다. 그러나 이 시스템은 결국 효과적이지 못하고 부당하다.

효과적이지 못한 이유는 너무나 많은 학생들이 전문성을 살린 직장을 얻기 위한 진정한 교육을 받지 못하는 상태로 방치된다는데 있다. 부당한 이유는 그랑제꼴 진학을 위해 엄연히 존재하는 가차 없는 선발과정 때문이다. 그랑제꼴에 진학하는 학생들은 대부분 부모가 교육을 잘 받고 소득수준이 높기 때문에 사실 이 제도로 사회 불평등이 심화된다.

한국 교육제도도 부당하기는 마찬가지이지만 사교육이 발달되어있는 한국의 특성상 부당함의 이유는 프랑스와 다르다. 게다가 한국 교육제도가 충분히 효과가 있는 것도 아니다. 아이들을 외국, 특히 미국 대학으로 유학 보내는 부모들이 상당히 많기 때문이다.

정당하고 효과적인 현대 교육제도란 과연 존재할까? OECD 교육제도 관련 순위에서 항상 선두를 차지하는 핀란드 같은 일부 스칸디나비아 국가에서는 존재한다. 이런 국가에서는 정부지원으로 사회정의도 실현하는 동시에 효과적인 교육시스템을 운영한다. 결국 교육에서 정답은 없다. 그러나 민간적 차원의 재정지원과 더불어 정부의 노력을 최적화하기 위한 주요 원칙은 존재한다.

다음에 소개할 네 가지 주요 쟁점을 보면 프랑스의 교육상황을 파악하는데 도움이 될 것이다.

- 첫 번째 쟁점: 대학은 재정적으로 희생당하고 있다. 프랑스 대학생은 다른 선진국의 대학생들이 지출하는 비용의 절반도 채 지불하지 않는다.

- 두 번째 쟁점: 프랑스 교육제도는 진로지도 및 학생선발이 없어서 평등이라는 기치 하에 낙오자와 더불어 사회 불평등을 심화시키고 있다. 중산층의

아들이 교육에서 낙오한 것과 노동자의 아들이 실패한 것은 그 여파 면에서 같지 않다.

- 세 번째 쟁점: 사회진출의 불평등이다. 학생들이 대학 졸업 후 전공을 살려서 취직하는 환경을 대학이 더 이상 제공하지 못하는 경우가 허다하기 때문이다.

- 네 번째 쟁점: 고등교육처럼 공공연히 보편적이면서도 경쟁적인 분야도 없다. 학생들뿐만 아니라 교원들에게도 마찬가지이다.

아무 조치도 취하지 않으면 인재들은 돈을 벌러 외국에 갈 것이다. 이는 한국과 프랑스 모두 마찬가지다. 그러면 한국, 프랑스 그리고 이런 제도 내에서 희생될 양국 젊은이들에게 불이익이 돌아갈 것이다. 이런 상황을 막아야 한다.

1. 대학의 커다란 불행

정부 때문에 대학은 재정적으로 희생당하고 있다. 2002년 OECD 국가들이 고등교육기관에 재학 중인 학생 1명당 평균 10,200 달러를 제공한 반면 프랑스는 13 퍼센트 낮은 액수인 8,830 달러밖에 투자하지 않았다.

이 수치는 그랑제꼴 (학생 1인당 15,000유로)과 일반대학(학생 1인당 6,600 유로) 간의 엄청난 간극을 은폐하고 있다. 결과적으로 프랑스는 조사대상 26개 OECD 회원국 중 15위를 차지하였으며, 스위스(22,190 달러), 미국(20,550 달러), 스웨덴(14,880) 달러와 큰 순위 차를 보였다.

프랑스 정부가 의도적으로 고등교육을 등한시했기 때문에 이런 불행이 초래된 것일까? 그런 것은 아니다. 이러한 상황이 초래된 데는 세 가지 이유가 있다. 이중 두 가지 이유는 이 책의 다른 부분에서 이미 다루고 있다. 첫째, 정부가 인구현상에 대해 무지했고, 관료주의적인 국가 관리를 하여 파국에 이르게 한 것이다. 둘째, 특히 학교에 대한 문제로 중등교육 교사노조에 맞서는 것에 대한 두려움과 프랑스 교육제도의 특성에 대한 뿌리 깊은 집착이다.

인구학의 도움으로 베이비붐 세대의 자녀들의 출생의 물결이 중등교육의 정원 한도에 미치는 영향을 예상할 수 있다. 또한 이 세대가 고등교육에 미치는 영향도 예측할 수 있다. 그리고 그 다음 세대는 수가 더 적어져서 중고등학교에 학생 수가 적어질 것이라는 것도 예상할 수 있다.

프랑스의 대학생 수는 1970년 850,000명에서 1990년 1,717,000명으로 늘어났고, 2003년에는 2,210,000명으로 증가했다. 프랑스 대학교가 이러한 충격에 대비하게 하고 중등교육의 자금을 고등교육으로 전환하도록 하기 위해 25년이라는 시간이 있었다. 이와 동시에 프랑스는 고등교육과 연구에 투자를 더 해야 하는 지식기반 경제에 진입하고 있었다.

그러나 어떻게 되었는가? 프랑스는 정반대의 행동을 하였다. 집단적으로 부정적인 여파를 가져올 것을 인식한 중등교사들은 교육부를 자신들의 산하기관으로 취급하였다. 30년 동안 '가다가 멈추는' 것을 계속 했다. 교육부 장관이 개혁을 하겠다고 하면 사람들의 반발로 인해 그리고 여당의 무기력으로 의지가 시들해졌다. 그 장관이 퇴임하고 그 다음 장관은 거래를 했다.

즉, 중등교육당국에 재정지원을 해주고 사회적 소요를 달랬다. 이것이 1975년과 2001년 사이 중등교육 학생 1인당 평균 국가지출이 두 배로 증가한 배경이다. 반면 당시 고등교육에 대한 정부지출은 25 퍼센트 밖에 증가하지 않았다.

결과적으로 프랑스 중고등학생은 OECD 평균에 비해 36 퍼센트 더 많은 정부지원을 받는다. 프랑스 특유의 현상은 대학생보다 중고등학생에게 지출을 더 많이 한다는 점이다. 프랑스 고등교육이 충격을 이겨내도록 하기 위해서는 대대적인 투자를 하고 대학에 자율관리권을 부여했어야 했다.

1968년 이후 프랑스는 이러한 상황을 바꾸는 것은 엄두도 내지 못했다. 사실 이러한 상황을 유지하려면 파산하고 빚을 진 국가 외에 다른 무엇인가가 있어야 했다. 정부예산은 중등교육부문 고용과 교육부 관료주의적 절차에 써버리고 지난 30년 동안 고등교육과 연구는 희생되었다.

금고에 돈이 있다면 다행일 것이다. 그렇지 않다면 안타까운 일이다. 그런데 프랑스에서는 돈이 떨어진지 오래다. 국가를 잘 관리하면 이런 문제가 없다. 스웨덴에서는 정부가 예산을 규모 있게 관리하여 사회민주당 정권들이 고등교육에 대해 재정지원을 할 수 있었다.

다른 해결책은 여건이 되는 사람한테서 자금을 얻는 것일 것이다. 즉, 형편이 되는 기업이나 개인의 도움을 받는 것이다. 간단히 말해서 세금을 통해 대학을 지원하고 대학이 등록금을 인상할 수 있도록 해서 프랑스 대학들의 재정문제를 해결하는 것이다.

이와 동시에 장학금과 학자금 대출제도를 도입해서 저소득 가정 학생들이 고등교육을 받을 수 있도록 할 수 있을 것이다.

다른 국가에서는 이미 이러한 제도를 실시하고 있다. 토니 블레어 전 영국 총리는 자신이 속한 당 좌파의 완강한 반대를 무릅쓰고 이러한 교육개혁을 했다. 블레어 전 총리는 사회정의 실현이라는 결정적인 주장과 함께 이러한 개혁을 밀어붙였다. 블레어 전 총리는 도대체 왜 영국 저소득층이 자신의 세금으로 앞으로 런던 금융가에서 일할 중산층 자녀의 학업을 지원해야 하는지 의문을 제기했다.

이러한 중산층 자녀들은 스스로 학비를 댈 수 있고 대출을 받더라도 빨리 갚을 수 있다고 했다. 따라서 영국 의회는 대학 관계자들과 합의를 보고 등록금을 최대 4,500 유로까지 인상할 수 있도록 했다. 그 대신 학자금 대출 및 저소득 가정 자녀에 대한 장학금 제도를 광범위하게 실시하게 했다.

프랑스에서는 부당, 위선, 불평등이 쌓여만 간다. 그 결과 그랑제꼴은 그나마 학생들의 지원과 전문교육세 덕택에 국제적 기준에 미달되지 않는 정도이다. 많은 대학이 다소 비밀리에 선발제를 실시하고 있고 등록금을 인상하기 위해 수를 쓰고 있다. 그 외에 프랑스 교육제도는 그날그날 무력감과 무책임 때문에 좌절하며 연명하고 있다. 교육기관이 필요한 지원을 받지 못하므로 학생들의 적성이나 진로의 적합성을 고려하지도 않고 대학에 들여보내기 때문이다.

2. 낙제하는 습관

프랑스 법에 따라 대학입학자격자는 원하는 대학과 학과에 진학할 수 있는 반면 낙제하는 학생도 생긴다. 사실 좋은 의도를 가지고 시작했던 일이 파국에 이르는 경우가 많다.

1984년 1월 26일자 발효된 사바리(Savary) 법 제14

조는 수차례의 개정을 거친 후 다음과 같이 규정하고 있다. "모든 대학입학자격자는 원하는 대학에 등록할 수 있다.", "대학과 학과 간 학생 배분 관련 조치에서 모든 형태의 학생선발은 배제된다."

결과적으로 대학은 학생들에게 진로지도를 할 수도 없고 선발을 할 수도 없으며 중등교육과 고등교육 과정 사이의 격차를 예방하기 위한 어떤 대책도 없다. 대학 입학시험에서 선택하는 분야나 시험결과는 거의 중요하지 않다. 모두가 평등하다는 원론적인 권리의 기치 하에 프랑스 교육제도 전체가 혼돈상태에 빠졌다.

다른 한편으로는 그랑제꼴, BTS, IUT의 경우는 학생을 선발하는데 이 선발과정 또한 평등하고 민주적이다. 선발과정의 변수를 고려하더라도 공정한 절차를 거치면 지원자가 필요한 실력을 갖추었는지 그리고 졸업 후 가능한 진로에 대해 인식하고 있는지 확인할 수 있기 때문이다.

일반 대학에서는 선발제가 없으므로 그 대신 입학하고 나서 학생들을 낙제시킨다. 의과대학처럼 이러한 낙제제도가 가차 없을 때도 있고 대부분의 경우 낙제는 단계적으로 그리고 비공개적으로 이루어진다. 이러한 비공개적 선발 때문에 결국 학생들은 낙제 상태로 교육제도 내에 오래 머물게 된다. 그러나 이 학생들은 학업은 계속 한다.

입학하고 5년이 지나기 전에는 공부하는 것이 전혀 금지되어있지 않기 때문이다. 경제활동을 시작하면 경험을 쌓고 보다 노련해져서 필요한 경우 다시 학업을 할 수도 있었으련만 이 낙제생들은 미래가 보장되지 않는 길에서 방황하며 이것저것 낭비한다는 느낌만 쌓여간다.

이들은 무엇을 낭비하는가? 학위취득이나 미래가 보장되지 않는 상태에서 공부만 하며 시간을 낭비한다. 학비를 낭비한다. 낙제생들은 자신감을 잃고 새로운 것을 시작할 용기를 잃기 때문에 이것 또한 감정을 낭비한다. 경제활동을 시작하기 전 에너지를 낭비한다. 경제활동을 시작하면 두 가지 직장이 존재한다. 첫 번째는 장래성 없는 직장이다. 두 번째는 소수의 엘리트들이 일하는 직장이다. 이러한 직장은 장래가 전적으로 보장될 뿐 아니라 여기 들어가는 사람들은 점점 더 정해지는 추세이다. 이렇게 프랑스 젊은이들은 두 가지 직장 사이에서 괴로워하고 있고, 이러한 괴로움은 프랑스 전체 젊은이들에게 낭비이다.

3. 학위의 기능 상실

이제 모든 프랑스 대학 졸업생들이 전공을 살릴 수 있는 직장을 꿈꾸지는 못한다. 경영이나 공학을 전공한 그랑제꼴 졸업생들은 기본적으로 간부급 위치까지 올라가는 길이 열려있기는 하지만 대학을 나온다고 해서 이런 직장이 보장되는 것은 더 이상 아니다.

학사학위 소지자의 13 퍼센트만이 이런 직장을 가지며 석사학위 소지자의 경우는 3분의 1 그리고 박사논문 제출 자격증(DEA) 소지자의 경우는 3분의 2이다. 그러나 '유행하는' 전공과정에서 상황은 더 심각해지고 졸업자의 다수가 실질적 취업 장래를 보장받지 못하고 다른 졸업자들과의 경쟁에 밀린다.

예를 들어 '미술사' 학위 소지자의 11 퍼센트만이 간부급에 올라간다. 외국어 학위 소지자의 경우 9 퍼센트, 민족학, 사회학 전공자의 경우 19 퍼센트이다.

그랑제꼴 졸업자들은 거의 모두가 정규직에 취업한다. 그러나 일반 대학 졸업자는 정규직 취업자 수가 더 적다. 결국 연봉에서 차이가 난다. 경영이나 공학을 전공한 그랑제꼴 졸업생들의 연봉 중간치는 대략 한 달에 2,100 유로인 반면 DEA 취득자의 경우는 1,651 유로, 석사학위 취득 후 이수하는 1년제 전문가 양성 과정 졸업장(DESS) 소지자는 1,741 유로, 석사학위 소지자는 1,372 유로, 학사학위 소지자는 1,156 유로이다.

한편 그랑제꼴은 포위당한 성채와 같은 분위기를 조성하면서 프랑스 교육제도를 교착상태에 빠뜨렸다. 그랑제꼴은 프랑스 젊은이들의 다양성을 충분히 고려하지 못하고 여전히 맬더스적 사고방식에 머물러 있다.

20세기 초 에콜폴리테크닉 입학정원은 100여명이었다. 당시 대학입학자격자 수가 5,000명이었던 점을 감안하면 상당한 수이다. 오늘날 대학입학자격자 수는 이때보다 100배 늘어 500,000명에 육박하는데 에콜폴리테크닉 정원은 세 배 증가했다. 달리 말해서 전체 대학입학자격자 대비 에콜폴리테크닉 학생 수가 100년 전과 같은 수준을 유지하려면 입학정원이 수만 명은 되어야 한다!

프랑스에는 공학도, 경영인, 영업사원, 연구자가 부족하다. 그러나 국가는 단지 모두에게 대학입학의 기회를 평등하게 제공한 것에 만족하며 장래가 보장되지 않는 전공과정에 초점을 맞춤으로써 수천 명의 젊은이들을 실업으로 내몰고 있다.

한편 그랑제골의 경우 정당화될 수 없는 과도한 학생선발로 인해 국가가 활력을 잃고 있다. 그랑제꼴에서 정원을 제한함으로써 젊은이들의 꿈도 제한되기 때문이다. 앞으로 '유럽 교육의 메카'가 되려면 대학은 가장 우수한 연구능력을 보유하고, 저명한 교수를 초빙하고,

해외 각지의 학생을 유치하고, 최신 전문기술을 개발할 여건을 갖추어야 할 것이다.

이러한 모든 목표를 달성하려면 미국의 일류 대학 같이 교육 허브의 자격조건을 넘어서는 수밖에 없다. 그러나 프랑스 대학이 전혀 변화하지 않으면 미국 일류 대학과의 격차는 앞으로 점점 더 벌어질 것이다.

프랑스가 그랑제꼴과 일반 대학을 최대한 활용하려면 말로만 이 두 기관 사이의 교류를 주문하지 말고 구체적으로 행동을 취해서 이들 기관이 협력하여 국제 경쟁에 보다 잘 맞서도록 해야 한다. 이렇게 하려면 분명 그랑제꼴을 보다 개방하고 일반 대학 개혁을 통해 희망 대학의 경우 자율권을 부여하는 수밖에 없을 것이다. 하버드대학교 학생 수는 20,000명에 가깝다. 맞은 편에 위치한 MIT의 학생 수는 10,000명이 넘는다. 미국 서부에 위치한 UCLA의 학생 수는 32,000명이며 스탠포드는 그 절반이다.

뉴욕에서 NYU는 20,000명이고 컬럼비아대학교는 24,000명이다. 반면 프랑스 파리10대학이나 고등사범

학교(ENS)의 경우는 어떠한가? 상하이대학교의 순위를 보면 프랑스 그랑제꼴과 대학이 세계무대에서 후퇴하고 있다는 것을 잘 알 수 있다! 엄연히 존재하는 평가방법에 대해 왈가왈부할 수도 있을 것이다.

그러나 중국의 순위는 프랑스에 시사하는 바가 크며 프랑스가 변화하지 않으면 2류로 추락할 수도 있다는 것을 보여준다.

4. 삼중고를 피하는 법

프랑스 고등교육을 개혁하기 위해서 프랑스가 해야 할 일 (다른 국가도 마찬가지이겠지만)은 다음과 같다.
- 대학에 더 많은 재정지원을 한다. 등록금을 인상하는 한편 학자금 대출제도와 장학금 제도를 도입하면 가능하다.
- 대학에 자율권을 부여한다. 특히 교육과정을 자유롭게 편성하도록 한다.

- 투명하고 공정한 선발제를 허용한다. 이 제도는 현대적 진로지도 시스템에 기반을 둔다.

- 그랑제꼴 및 희망하는 대학을 중심으로 유럽 수준의 교육 허브 형성을 장려한다. 이때 산학연 협력을 추진한다.

- 대학 교수 및 강사의 여건을 개선한다. 교수 초빙시 조건을 개선하고 해외에서 가르치는 기회도 늘리는 방안을 생각할 수 있다.

- 산학협력을 강화한다. 구체적으로 말하면 고등교육을 받기 위해 수업과 현장근무를 병행하도록 장려하고 대학내 기술 관련 학위를 개발한다.

이러한 방안 대부분은 10년 전 로제 포루(Roger Fauroux)가 이끄는 위원회가 이미 제시한 바 있다. 독립적 인물들로 구성되고 좌파와 우파가 적절히 섞였으며, 교육계와 시민사회를 모두 대표하는 이 위원회는 현실적인 고민을 하였다.

그 후 10년 동안 전망 없는 보고서만 작성했지 그다지 한 일이 없다. 이제 프랑스 고등교육제도가 현상유지를 할 뿐이고 쇠락의 길로 접어들었다는 것을 부정할 사람이 누가 있겠는가?

젊은이들은 위 세대가 한 실수를 다시 범하지 말아야 한다. 그러나 젊은이들이 지금까지 해온 정치적 투쟁을 살펴보면 문제를 해결하는 것과는 너무나 거리가 멀어서 당황스럽기 그지없다. 이들이 등록금을 동결하는데 성공함으로써 대학의 교육환경은 열악해 졌다. 다행히도 이들은 유럽 내 학사, 석사, 박사과정 인정 시스템 도입을 막지는 못했다. 주목할 점은 이들이 이 시스템 도입을 반대했던 이유는 프랑스 대학의 2년제 학부과정 졸업장(DEUG)을 학사과정의 유럽화로부터 '보호하기' 위해서였다.

반면 30년 전 대학생들은 드브레(Debré) 법으로 도입된 DEUG 제도에 '맞서' 격렬하게 시위했다. 2004년 연구자들은 DEUG 제도에 맞섰던 학생들이 없는 데서 시위를 했다. 이때 '연구를 살립시다' 라는 단체가 역할모델이었다.

반면 2009년 대학과 연구소 간의 연계는 이루어졌지만 이런저런 이유로 대학 자율화가 위기에 처했다. 대학 자율화는 바로 그 전 해에 어렵게 이뤄낸 것이었고 고등교육의 발전을 꾀할 수 있는 유일한 방법이었는데 말이다. 간단히 말해서 젊은이들이 치른 전쟁은 자신들을 위한 것이 아니었다.

개혁 프로그램은 준비가 되었다. 젊은이들은 보수파 그리고 여러 성향의 조종자들의 비위만 맞출 것이 아니라 실제로 이 프로그램이 적용되도록 요구를 해야 한다. 지방 분산을 요구해야 한다. 진정한 의미의 진로지도를 요구해야 한다.

대학이 노동시장의 수요에 따라 전공과정을 자율적으로 조절할 수 있도록 해야 한다. 교수에게 더 많은 것을 요구해야 한다. 교육부에 편성된 660억 유로의 정부예산(이 액수는 프랑스 정부예산의 23.3퍼센트, 프랑스 GDP의 4퍼센트에 해당)과 1백3십만명의 교육부 인력(프랑스 전체 공무원의 25 퍼센트에 해당)을 더 잘 활용해야 한다.

그러지 않으면 프랑스인을 포함한 세계 인재는 아메리카와 아시아 대륙에 몰릴 것이다. 사실상 고등교육은 국제경쟁의 핵심 사안이 되고 있으며 한국과 프랑스가 공통적으로 안고 있는 문제이기도 하다.

즉, 한국과 프랑스 모두 국제노동시장에서 경쟁력을 유지하려면 교육제도 개혁이 필요하다. 국제노동시장에서는 동유럽 혹은 신흥 아시아국 출신의 유능한 젊은이들이 동기의식을 가지고 경쟁에 참여하게 될 것이다.

교육제도가 쇠락의 길을 계속 간다면 어떻게 되겠는가? 역사상 가장 부당하고 퇴보적인 시스템이 생겨날 것이다. 이 암울한 시나리오는 다음과 같다.

그 어느 때보다도 폐쇄적이 될 그랑제꼴을 제외하고 최고 실력을 갖추거나 가장 부유한 학생들은 다른 국가에서 더 나은 교육환경을 찾아 나설 것이다. 이들은 '파산 할아버지'에게 가차 없이 반대표를 던질 것이다. 최고 수준의 교수들도 그렇게 할 것이고 최고 실력을 갖춘 외국인 학생들도 그렇게 할 것이다.

해외에서 새로운 관계를 형성하고 다른 노동시장을 발견한 모든 프랑스나 한국의 젊은이들은 계속 해외에 있을 소지가 충분히 있을 것이다. 이미 미국에 박사과정을 밟으러 가는 유럽 학생들의 4분의 3은 수학기간이 끝난 후에도 미국에 있겠다고 한다. 세금은 늘어나고 공공서비스는 후퇴하는데 왜 조국에 돌아오려고 하겠는가?

여건이 안 되거나 조국을 떠나고 싶지 않아서 국내에 머무는 젊은이들은 어떻게 되겠는가? 이들은 2중도 아닌 3중고에 시달릴 것이다. 첫 번째 고통은 열악한 교육환경이다. 두 번째 고통은 프랑스 엘리트들이 대거 해외로 나가면서 국가의 성장과 부가 위기에 처하게 될 것이라는 점이다. 결과적으로 교육 시스템의 뒤쳐진 점을 따라잡기 위한 재정적 여건이 안 될 것이다. 세 번째 고통은 경제적 여건이 안 되는 사람들은 국내에 남을 것이고 이들만 이전 세대가 쌓아놓은 부채를 전부 갚게 될 것이라는 점이다.

할아버지의 파산이 가한 이 삼중고를 유복한 젊은이들이 이전의 사상적, 지적 테러리즘이라는 기치 하에 형편이 어려운 젊은이들과 이들의 자녀들에게 가하는 것은 용서할 수 없는 일일 것이다. 이러한 테러리즘은 평등주의라는 원칙하에 불평등을 만들어낸다. 이러한 점에서 볼 때 한국이나 프랑스나 교육개혁이 시급한 것은 이론의 여지가 없으며, 이 문제가 양국 정부의 우선과제가 되어야 할 것이다.

제5장 청년실업을 위한 선택

시스템 상의 착오로 인해 이미 너무나 오래 전부터 프랑스 젊은이들이 비싼 값을 치르고 있는 부문이 하나 있는데 그것은 바로 고용이다. 이러한 비정상적인 상황 덕분에 이들은 틀림없이 오래 전부터 경각심을 느꼈을 것이다. 이러한 상황 때문에 이들은 사회와 정계에 요구를 할 수도 있었을 것이다. 프랑스의 소위 '사회적 모델' 로 인해 실업률이 높아지고 특히 청년실업은 역대 최고에 이르렀는데 이런 모델에 대해 논하는 이유는 무엇인가?

프랑스 젊은이들이 본질적으로 다른 국가보다 실업에 취약한 이유는 무엇인가? 프랑스 젊은이들이 다른 국가의 젊은이들보다 더 게으르고, 덜 똑똑하고, 더 운이 없고, 더 어설프고, 덜 활동적이란 말인가? 말도 안 되는 소리이다. 첫 번째 인터넷 거품이 발생하던 때를 생각해보면 오히려 프랑스 젊은이들이 매우 적극적이고 창업하고 싶은 마음도 강하다는 것을 알 수 있다. 프랑스 젊은이들은 오히려 부당한 시스템의 희생자이다.

드니 올리벤느(Denis Olivennes)는 어떻게 지난 30년 동안 이 시스템이 프랑스에 도입되었는지 명확하게 설명한 바 있다. 이 시스템이 부당한 것은 먼저 프랑스 노동시장이 일자리가 있는 사람을 보호하는 한편 나이, 자격요건, 경력 등 조건을 갖추지 못해 일자리를 찾기 어려워하는 사람은 희생시키기 때문이다. 그리고 젊은이들의 경우에는 두 배로 부당해지는데 이는 프랑스 고등교육계가 여러 면에서 낭비를 하고 있고 취업 문제에 대해 무관심하여 이들이 피해를 입기 때문이다.

이런 점에서 볼 때 최초고용계약법(CPE)에 대한 반발은 이해가 가지만 프랑스 젊은이들이 시위의 성공에 도취하여 치명적인 잘못을 저질렀다는 점은 지적하고 싶다.

CPE는 좋은 대책은 아니었지만 내용 면에서나 형

식면에서나 엄연한 현실적 문제에 기반을 두었다. 그 문제란 특히 젊은이들에게 피해를 입히는 프랑스 노동시장의 경직성이었다. 프랑스에는 노동시장에 대항하는 일종의 신성불가침의 정치적 세력이 형성돼 있었다. 이러한 정치적 세력이 생겨난 것은 특정한 상황(노조연합 지도자를 새로 선출할 때나 대선 후보 공천을 위한 전쟁을 치를 때)이나 정부의 어설픔에 기인한다. 안 그래도 프랑스 젊은이들은 싼 임금에 대해 거부감을 표시하고 있었는데 기업이 첫 일자리의 경우 이유 없이 해고할 수 있다는 말도 안 되는 법안을 정부가 내놓자 감정이 격앙되기만 했던 것이다.

제대로 논의를 거친 다른 법안이었다면1-2년 시험적으로 실시해보고 평가를 받을 수도 있었을 것이다. 그러나 문제는 그것이 아니었다. 이제 프랑스 시스템 전체를 상세히 검토해야 하고 노동시장을 처음부터 끝까지 분석해야 한다. 그러려면 노동시장의 수혜자와 피해자 사이에 새로운 힘의 관계가 형성되어야만 한다.

여기서 노동시장의 수혜자란 국내 혹은 국제경쟁에서 보호 받는 일자리를 가진 사람이다. 공무원부터 시작해서 프랑스 내에 수없이 존재하는 특권을 가진 사람들, 그밖에 집단적으로 다른 사람에게 피해를 줄 충분한 가능성에 의지할 수 있는 사람들이 모두 수혜자이다.

반면 노동시장의 피해자는 그 외의 사람들을 말한다. 이들은 소외되고, 사회 내 연대감도 약하다. 특히 실업자들이 이 범주에 들어가며 아무도 이들을 대변하지 않는 반면 많은 사람들이 이들을 도구화한다. 자격을 갖추지 못한 취업희망자나 장래가 없는 부문에 취업을 지원하는 사람들도 포함된다. 그리고 젊은이들도 피해자이다. 이들만이 부당한 상황에 대해 항의하는 데 필요한 동원력과 활력을 갖추고 있다. 이러한 이유로 불공정하고 효과적이니 못한 노동시장을 개혁하는 단계까지 가야만 CPE에 대한 시위가 진정으로 성공을 거두었다고 할 수 있을 것이다.

젊은이들이 CPE를 거부하는 것을 보면서 과거 청
년최저임금제(SMIC)를 거부하던 시절이 떠올랐다.
10년도 더 지난 일이다. 에두아르 발라뒤르(Edouard
Balladur) 정부가 SMIC를 내놓았을 때 당시 젊은이
들은 청년고용을 불안정하게 하는 차등적 조치에 대
해 반발을 표시했다. 젊은이들이 승리에 도취해서 다
시 무기력해지면 아니 될 것이다.

프랑스에서는 젊은이들을 위한 일자리를 창출하는
여건이 부족하다. 이러한 상황에서 보일 수 있는 태
도는 체념 혹은 낙관이다. 체념하는 이유는 실업 장
기화라는 집단적 선택을 한 프랑스의 특이성 때문이
다. 낙관적인 이유는 다른 어느 나라에서도 존재하지
않는 이런 잘못된 시스템은 방향만 잘 잡으면 실제로
지속되지 못할 것이라고 생각하기 때문이다.

한국의 경우는 분명 다르다. 심지어 한국에서는
젊은이 수가 줄어들어 인력이 부족하고 실업률이 제
로가 될 것이라는 예측까지 하고 있다. 그러나 이 예
측은 한국 젊은이들이 자질이 하락할 경우 근거 없는

이야기가 될 수 있다. 그러면 프랑스에서 이미 나타난 현상이 한국에서도 나타날 것이다. 즉, 노동시장에서 소외되는 젊은이들이 생겨날 것이다.

노동시장이 이들에게 돈을 주는 것을 아까워할 것이기 때문이다. 왜 아까워하겠는가? 이들이 자질을 갖추지 못한데다, 신흥개발도상국 출신 젊은이들은 요구하는 임금 액수가 더 적으면서도 동기의식이 더 철저하여 이들과의 경쟁에서 밀리게 되는 것이다.

1. 프랑스의 병, 청년실업

그리 멀지 않은 과거로 돌아가보자. 지금은 영광의 30년이 끝난 1970년대 초이다. 프랑스는 아직 성장세를 타고 있으며, 프랑스가 이민자의 땅이라는 점에 대해 기뻐하고 있으며 고용상태도 매우 양호하다. 젊은이들의 학업기간의 종료 후 2년 내의 실업률은 6퍼센트 정도였으니까 말이다. 따라서 당시는 회사가

지원자를 찾는다기보다는 대학졸업생들이 자신이 일할 회사를 고르는 것이 흔한 일이었다.

지난 세대에 실업률은 25 퍼센트까지 올랐다. 슬픈 기록이다. 직장을 고르는 것은 공학이나 경영을 전공한 그랑제꼴 졸업생들의 일부에 국한되는 드문 특권이며 경우에 따라서는 일부 전문학교 출신자도 해당된다. 조산부가 그 예이다. 여기서 얻는 교훈은 간단하다. 노동시장이 요구하는 자질과 교육수준을 갖춘 사람은 실업자가 되지 않는다.

프랑스에서 청년실업은 정성궤도를 벗어난다. 프랑스의 '사회모델'에서 두드러지는 점은 25세 미만 청년층의 실업률이 22퍼센트를 넘어선다는 것이다. 아일랜드, 덴마크, 네덜란드, 일본 같은 국가에서 이 연령대의 실업률은 10퍼센트가 채 되지 않는다. 미국에서는 11퍼센트 밖에 되지 않고 영국은 12.9퍼센트, 독일은15퍼센트이다.

아직도 프랑스에서는 교육 시스템 내에서 아무 자격증도 받지 못하는 젊은이가 160,000명에 달하며 이들은 우선적으로 실업의 타격을 받는다. 교육을 마치고 5-10년이 지난 후 아무 자격증도 없는 남성의 30퍼센트와 여성의 36퍼센트는 계속 실업상태에 머무른다.

이에 반해고등교육 졸업장이 있는 경우에 이 수치는 6.5퍼센트로 떨어진다. 자격을 갖추지 못한 이 젊은이들은 드니 올리벤느가 12년 전 말했던 소위 '아웃사이더'가 된다. 당시 올리벤느는 이 젊은이들이 노동시장에서 장기적으로 소외되는 현실과 그 현실에서 빠져나오기 위해 제시된 해결책에 대한 이들의 거부를 동시에 규탄했다. 이러한 해결책은 당시는 SMIC였고 오늘날은 CPE이다.

OECD의 수석 이코노미스트에게 있어서 이 사실은 분명하다. "프랑스는 자격증 없는 젊은 근로자를 양산하고 있으며 동시에 이들을 고용할 때 드는 비용은 엄청나게 높아지고 있다.", "게다가 노동시장에 진입할 때의 어려움은 지역에서 피부색에 이르기까지 다양한 변수가 존재하여 개인별로 상당한 차이가 있다." 청년 고용 시의 차별은 마그레브 지역과 사하라 이남 아프리카 지역 출신자에게서 두드러진다. 이력서를 무기명화 하는 것만으로는 이러한 문제를 해결하기에 충분하지 않을 것이다.

더욱이 일자리를 구하더라도 기존 교육제도 내에서 습득한 지식과 노동시장에서 요구하는 바가 차이가 있어서 대학을 갓 졸업한 사회 초년생들의 지위가 격하되는 경우가 허다하다. 프랑스 경영연구소인 Cereg의 조사에 따르면 대학을 졸업하고 3년 내에 취업한 젊은이 중 졸업장에 합당하는 자질을 갖추지 못한 사람의 비율이 2년제 대학 졸업자의 경우 1981년 22퍼센트에서 1997년 43퍼센트로 올랐으며, 3년제 대학졸업자의 경우 36퍼센트에서 45퍼센트로 증가했다. 이 수치는 미술사, 사회학 같은 일부 분야의 경우 50퍼센트가 넘는다. 지위 격하는 공공부문에서 특히 두드러진다.

젊은 공무원의 64퍼센트가 소지한 학위에 미달하는 자리에 취업한다. 프랑스 정부 부처에서 석사학위

취득 후 이수하는 1년제 전문가 양성과정 졸업장
(DESS) 소지자가 비서나 경비원으로 일하는 것은
이제 흔히 볼 수 있는 일이다. 실업과 지위 격하 외
에 세 번째 암초가 젊은이들을 기다리고 있다. 바로
고용 불안정이다.

2. 고용 불안정의 보편화

정규직을 얻기까지 걸리는 시간은 계속 늘어나는
추세이다. 30대가 되어서야 안정된 직장을 찾기 때문
이다. 항상 그랬듯이 자격증 없이 학업을 마치는 사
람들이 가장 많은 타격을 받는다. 이러한 무자격자의
60퍼센트는 오래 기다려도 정규직에 취직하지 못하
는 경우가 많다.

지나치게 경직된 프랑스 노동시장에서 고용형태와
조치가 늘어날수록 비싼 관료주의 절차만 생겨날 뿐
아니라 일부 기업은 뜻밖의 횡재를 얻는 데 반해 정

작 이러한 법의 혜택을 받아야 할 젊은이들은 희생된다. 이러한 배경에서 합법적이지만 부당한 착취형태가 생겨나게 되었는데 그것이 바로 인턴제이다. 이는 새로운 종류의 불안정한 고용형태이며 사실상 자원봉사에 가깝다.

2005년 7월 경제사회위원회 보고서에 따르면 연간기업 내 인턴사원 수가 80만 명에 달하며 이중 6만 명에서 12만 명은 풀타임으로 일하고 있다. 이들의 임금이 SMIC를 넘는 경우는 드물다. SMIC보다 임금을 덜 주면 고용주는 사회보장납입금에서 면제된다. 반면 SMIC를 넘어서면 인턴사원은 퇴직연금 혜택은 받을 수 있지만 실업수당은 받을 수 없다. 한 번 더 젊은이들은 희생이 두 배가 된다.

기업들은 이들을 정규직원으로 채용하기를 거부하는 대신 이들에게 인턴으로 일하라고 한다. 그러면 기업 입장에서 직원 수는 같지만 비용은 적게 든다. 대기업 중 인턴사원을 채용하고 15일 간의 테스트 기간을 두는 경우도 보았다!

다른 남용의 여지도 존재한다. 공연계 비정규직의 경우는 집단비용부담을 통해 젊은이들을 뻔뻔하게 착취하는데도 젊은이들에게는 인기이다. 제작사와 미디어(공영포함)는 젊은이들을 명목상 고용하여 착취하고 있고 프랑스 전국상공업고용연합(Unedic)이 이로 인한 적자를 감당하고 있다. 이 젊은이들은 앞으로 다른 직장에서도 이러한 대가를 지불해야 한다는 것을 알고 있으며 다른 사람들도 자신의 상황에 처하게 될 것이라는 것을 알고 있다.

음악가나 연극배우처럼 일정이 불규칙할 수밖에 없는 사람들을 안심시키기 위한 칭찬할 만한 의도에서 출발했지만 결국 이 시스템은 점차적으로 변질되었다.

인턴직을 조직화하는 기업, 중소 미디어기업, 비정규직 근로자를 혹사하는 공공부문의 공통점은 무엇인가? 아마도 파렴치하다는 점이라고 할 수 있겠다. 그러나 가치관으로 진실을 은폐해서는 안 된다. 즉, 이들의 공통점은 누구든지 자신의 이익을 옹호한다는 점이다. 관료주의적이고 부당한 시스템은 악습을 더욱 부추기고 있다. 게다가 젊은 고용주라고 해서 다르게 행동하는 것은 아니다. 인터넷 거품이 형성될 때 이들을 보았지만 이들 역시 직원들을 착취하기는 마찬가지였다.

그러나 시스템을 개혁하고 시스템을 좀 더 공정하게 만들려고 했을 때 그리고 프랑스 민주노동동맹(CFDT)과 더불어 이러한 방향으로 노력을 기울였을 때 젊은이들은 다시 한 번 반체제운동에 연루되었고 이러한 운동은 '성공'을 거두었다. 즉, 이들은 시스템이 계속해서 비도덕적이 되도록 만드는 데 성공한 것이다. 허점투성이었던 CPE도 임금과 대우 면에서는 그와 같이 직원을 착취하는 인턴직보다는 매력적이었다. 한 번 더 다른 사람의 기득권을 지켜주면서 젊은이들은 정치적, 경제적, 사회적으로 누워서 침 뱉기를 한 셈이다.

여하튼 다른 유럽 국가와는 달리 프랑스 노동시장에서 적용되는 게임의 법칙이 젊은이들을 희생시키는 것은 분명하다. 따라서 전체 이익을 위해 이러한 게임의 법칙은 변경돼야 한다.

3. 사회적 지위상승의 기회 부여

인구학에서 교훈을 얻는 것이 중요하다. 프랑스 국립통계 및 경제연구소(INSEE)의 최근 추산치에 따르면 프랑스 활동인구(20-60세)는 2008년까지 3천3백십만 명으로 유지될 것이다. 이 수치는 2034년 3천2백2십만 명으로 감소하여 15년 동안 이 수준에서 유지될 것이다. 정년을 늦추면 이 현상이 그만큼 지연될 것은 분명하다.

노동시장이 '공유'해야 하는 희귀 재산이라고 순진하게 믿는 사람들에게 정년을 늦추는 것은 매력적인 아이디어로 다가온다. 활동인구가 줄어든다는 것은 이론적으로 청년실업이 감소한다는 것을 의미한다. 그러나 안타깝게도 현실은 전혀 그렇지가 않다.

능력 있는 젊은이들은 더 많은 연봉을 요구할 것이다. 반면 그렇지 않은 젊은이들은 기업 입장에서는 돈 쓰기 아까운 존재가 되어 결국 실업자가 될 것이다. 이러한 두 부류의 젊은이들 때문에 사회보장기금이 폭발 직전에 이른 상황에서 사회보장서비스를 대폭 줄이든지 세금을 대폭 올리든지 해야 할 것이며, 이 두 가지 방법을 동시에 쓸 경우 높은 연봉을 받는 젊은이들은 아마도 해외에 일하러 갈 것이다.

간단히 말해서 청년실업은 인구학의 단순한 역학으로 없어지지는 않을 것이다. 현상유지를 옹호하고 사실상 자신의 지위를 지키려는 사람들은 단순한 역학으로 청년실업 해소가 가능하다고 믿는척 하지만…….

반면 이 책에서 살펴본 것처럼 정년을 늦추면 젊은이들을 희생시키지 않고도 '할아버지 파산'의 여파를 지연시킬 수 있을 것이다. 한편 건강한 고령자들은 계속 일을 할 수 있을 것이고 이는 많은 고령자들이 바라는 바이다.

그것뿐만이 아니다. 지난 30년 동안 헛되이 실시해온 사회보장제도를 계속해서는 청년실업은 해소할 수 없다. 백만 명의 젊은이들에게 여러 조치를 취하였다. 이 숫자는 사회 초년생의 절반에 해당하는 숫자로 이들은 대학을 졸업하고 5년 내에 고용정책의 대상이 되었다. 예를 들어 집단적 유용한 일자리(TUC) 같은 비상업 부문 일자리 창출이라든지, 고용연대계약이라든지, 1997년에 신설된 새로운 청년고용서비스라든지 등의 정책이다. 혹은 일자리를 찾는 데 어려움을 겪는 젊은이들의 취업을 도와주는 것도 있다.

오늘날 흔히 생각하듯이 노동시장 유연화가 고용불안정을 의미하는 것은 아니다. 노동시장 유연화는 수습사원 교육을 용이하게 하고 철저한 관리 하에 16세부터 일을 할 수 있도록 함으로써 젊은이들의 노동시장 진입을 가속화하는 것을 의미한다.

또한 국가가 대충 만든 조치의 지나친 세분화를 줄여서 중소기업이 젊은이들을 단순하게 고용하도록 하는 것을 말한다. 그리고 노동시장이 상황에 반응하도록 하는 환경을 조성하는 것이다.

　이는 젊은이들을 착취하는 인턴제를 없애고, 직업사회보장(11)을 확보함으로써 가능하다. 그 대신 구인절차를 보다 철저히 관리하고 청년실업자들을 위한 교육을 실시한다. 또한 영국의 뉴딜정책처럼 프랑스 국립직업소개청(ANPE), Unedic, 상공업고용촉진협회(Assedic)의 연계를 형성한다. 일본처럼 법률 및 회계 전문가의 무료상담을 통해 창업을 장려하고 임금문제가 법이 아닌 집단적 합의의 영역에 속하도록 한다.

　그리고 적절한 진로지도를 실시하면 청년실업을 해소하는데 효과적일 것이다. 프랑스에서는 이 점에서 만성적인 비능률 상태를 경험하고 있다. 이렇게 된 것은 교원들이 직업의 세계에 대해 제대로 이해하지 못하고 있기 때문이기도 하고 (혹은 직업의 세계

---

(11)(Sécuritésocialeprofessionnelle) : 노동자의 재취업과 생활안정을 보장하기 위해 해고된 노동자가 노동시장 재진입을 위한 직업교육을 받을 경우, 국가가 1년 동안 마지막 월급의 90퍼센트를 지원하는 제도

에 대해 의혹이나 경멸의 눈초리를 보내기도 한다), 진로 지도 분야의 '공공서비스'가 열악하기 때문이기도 하다.

프랑스의 랩(rap) 그룹'113'이 말했듯이 5,000명 정도 되는 진로상담자들은 '진로방해꾼'들인가? 결과적으로 상담분야에서 민간시장이 형성되어 상담자, 코치, 웹사이트 운영자, 취업박람회 운영자 등이 활동하고 있다. 그뿐만 아니라 부유하고 정보도 많은 '인사이더'와 대학교육에서 실패한 그 외의 다수 사이의 불평등이 심화되었다.

결국 교육의 전문화는 일부 선입관 때문에 진통을 겪는다. 이런 선입관의 예로 아직도 수습단계를 우습게 보는 풍토를 들 수 있다. 이 단계를 거치면 젊은 이들의 노동시장 진입률이 크게 증가할 수 있는데도 말이다.

미래를 생각해볼 때 이 문제는 중요하며 시급히 해결해야 한다. 2015년 일자리 수가 30년 만에 처음으로 대학 졸업자 수를 넘어설 것으로 보인다. 은행만 따져 봐도 일드프랑스(Ile-de-France) 지역에서 이 부문 일자리가 30만 개인데 향후 10년 내에 퇴직자 수가 18만 명에 달할 것이다! 따라서 구인과 구직을 잘 맞추면 청년실업을 줄일 수 있는 역사적인 기회이다.

그런데 인사담당자들의 말에 따르면 건설엔지니어, 영업사원, 도시개발전문가, 안내 및 서비스직과 같은 일부 직종은 이미 수요가 없다고 한다. 정보처리, 건축(간부급 및 노동직 포함), 보험, 진료보조 같은 유망직종의 경우에도 상황은 별반 다를 것이 없다.

다른 문화적 질서 요인도 작용한다. 35세 미만 프랑스인 백만 명이 현재 외국에 체류중기는 하지만 프랑스인들이 해외근무를 하는 경우는 적은 편이고 해외로 나가는데 소극적인 태도를 보인다. 그러나 면밀히 분석해보면 이러한 해외근무에 대한 망설임은 CPE에 반대할 때 표출되었던 망설임과 그 맥을 같이 한다.

다시 말해서 프랑스 젊은이들은 실험대상이 되고 싶지 않은 것이다. 이들은 고용계약이 되었건 해외근무가 되었건 오직 새로운 제약을 경험해야 한다는 것을 용납하지 않는 것이다. 이러한 태도는 정상이다. 그리고 인간적이다. 그러나 이들이 동시에 자신에게 주어진 시스템 전체를 상세히 검토하는데 영향력을 미치지 못한다면 이러한 태도를 보이는 것은 헛된 일이다. 사실 지금까지 이들은 시스템을 문제 삼기보다는 보호하려고 애썼다. 간단히 말해서 프랑스인들은 분별없는 행동을 하고 있다.

프랑스가 다른 유럽국가에 비해 출산율이 높은 것은 행운이다. 출산율이 높으면 국가성장에 엄청난 득이 되고, 프랑스 기업과 역동성, 창의성, 신기술 도입, 국가개발에 있어서도 청신호가 켜진다. 그러나 젊은이들과 활동인구에는 '문제'가 존재한다.

프랑스 젊은이들은 세계화와 노동시장 유연화에 대해 서구사회에서 가장 불안해하는 축에 속한다. 이들이 세계화와 노동시장 유연화를 통해서 꿈꾸던 기회를 찾고 불공정하고 낙후된 교육 및 고용시스템의 규칙을 바꿀 수도 있을 텐데 말이다.

공공부문에 대해서 이야기하자면 이 부문은 행정적이고 중앙집권적인 절차만 검토한다. 이때 이들이 주로 사용하는 논리에 따르면 젊은이들은 고용주 입장에서 정부보조 및 세제부양책을 통해 보상을 해주어야 하는 경제적 '위험요소'라는 것이다. 혹은 이들을 사회적 조치를 통해 진정시켜야 하는 통계학적 결함을 가진 '사회적' 위험요소로 보기도 한다.

청년실업은 네 가지의 구조적 중심축을 통해 해소될 수 있을 것이며 이는 한국과 프랑스 양국 모두에 해당한다.

- 젊은이들에게 보다 나은 자질을 부여한다. 교육제도, 특히 고등교육제도 개혁이 필요하다는 의미이다.

- 노동시장을 유연화하고, 일자리를 보다 획기적으로 늘려야 한다.

- 보다 효과적인 진로 및 직업상담 관련 공공서비스가 필요하다.

- 자격을 갖추지 못한 사람들을 고용해서 들어가는 비용을 줄여야 한다. OECD 조사에 따르면 프랑스가 G20 국가들 중 가장 이 비용이 높다고 한다!

결국 필요한 것은 단순한 개혁이 아닌 근본적 개혁이다. 젊은이들은 공공연히 이들에게 불리하게 작용하는 시스템을 유지하기 위한 비용을 지불하지 않을 것이다.

제6장 유일한 해결책은 혁명?

프랑스에서 제5공화국에 대한 젊은이들의 정치적 무관심은 지스카르 데스탱(Giscard d'Estaing) 전 대통령과 더불어 시작되었다. 데스탱 대통령은 여러 가지를 시도했다. 성년 기준에서부터 낙태에 이르기까지 그리고 사형주의에서 국가안보 및 자유법에 이르기까지 보수주의를 부활시켰다. 그 다음 미테랑 세대에서는 서정적 착각의 시대가 찾아왔다. 미테랑 대통령은 소심한 반혁신주의를 지향했다. 시라크 세대는 불안정한 의지주의의 착각에 빠졌다. 2002년 대선 때 젊은이들이 2차 선거에 동원되었던 것은 누군가를 지지하기 위한 것이 아니라 극우정당인 국민전선(FN) 후보가 대통령이 되는 것을 막기 위해서였다.

역설적으로 프랑스 젊은이들이 18세에 선거를 할 수 있게 되고 나서 사회적 집단으로서의 이들의 위치는 다른 세대에 비해 하락하였다.

오늘날 50대는 1981년 좌파를 승리로 이끄는데 결정적인 역할을 하였다. 이때 이후로 젊은이들은 많은 경우 급진적이고 더 적극적이었던 윗세대와는 달리 투표에 참여하지 않는 것을 지지했다. 젊은이들은 환경문제 외에는 여론 형성에 거의 영향력을 미치지 않았고 다른 국가에 비해 활력이 떨어졌다. 젊은이들의 투표로 주요 선거결과는 좌파에서 우파로 왔다 갔다 하였고 유럽의회나 2005년 국민선거 등의 중간선거 때 여당이 지지를 받지 못하게 되었다.

젊은이들은 정치적 논쟁에 가끔씩 갑자기 참여를 하였다. 특히 학생운동 때 참여를 하였다. 정당, 국가대표, 경제, 사회 논의의 장, 주요 미디어는 이들의 관심사를 반영하지 못했기 때문에 놀랄만한 일도 아니었다. 젊은이들의 활동반경은 학교, 거리, 인터넷으로 정해져 있었다. 그러나 최근 일어난 파리 근교의 폭동으로 젊은이들의 사회 및 자아적 범위가 확장되었고, 청년문제가 단순히 대학생이나 고등학생들의 시위에만 국한되지 않는다는 점이 강조되었다. 어쨌든 도시지역 내 사회악과 학생들의 좌절감이 합쳐져서 젊은이들의 인식 속에 자리 잡게 되리라.

그러나 이러한 사건이 젊은이들의 '세대적 이익'을 위한 것만은 아니었다. 이와는 정반대로 젊은이들은 1995년 쥐페 전 총리가 내놓은 계획에 반대하여 사회운동을 지지했다. 2003년에는 피용 총리가 내놓은 법에 반대하여 분배를 통한 연금제를 그대로 유지할 것을 요구했다. 그리고 젊은이들은 기득권 보호를 요구하면서 결속하였다. 반면 이들은 기득권이 자신을 희생시켜서 얻어진 것이라는 것은 모르는 듯 했다.

젊은이들은 교육과 노동시장 진입 등 자신에게 직결된 문제에 초점을 맞출 때가 많았다. 이렇게 이들은 소니에-세이테(Saunier-Seïté) 고등교육부 장관, 사바리(Savary) 교육부장관, 드바케(Devaquet) 의원, 조스팽(Jospin) 총리, 발라뒤르(Balladur) 총리, 빌팽(Villepin) 총리이 연이어 청년을 위한 계획을 내놓았다. 이들이 제일 싫어했던 것은 대학의 학생선발제도, 등록금 인상, 대학 자율화였다. 이 모든 문제는 충분히 논의의 대상이 될 만한 것이었다. 정치적 요구를 하는데 실패한 젊은이들은 이용당했다. 경제적 세계화 반대운동에 휩쓸리기도 했으며 프랑수아 미테랑 전 대통령도 이들을 이용하기는 마찬가지였다. 자크 시라크와 미셸 로카르에 대항할 때 정치적 지렛대로서 젊은이들을 이용했던 것이다.

결국 이렇게 전투를 해도 젊은이들의 카드 패는 바뀌지 않았다. 젊은이들은 정치적 시도를 막았고, 이들이 영향력을 행사할 수 있다는 것을 보여주었고, 많은 이들의 정치적 야심을 잠재웠다. 이들의 거부는 기성세대에 충분한 메시지를 전달했다. 아니 이것은 거부라기보다는 절규에 가까웠다. 젊은이들은 4월 21일 충격 후 극우당의 집권에 반대했다. 파리 외곽에서의 소요를 통해 도시지역 청년의 체념과 절망 섞인 운명에 반대했다. CPE 반대를 통해 노동시장에 싼 값으로 들어가는 것을 반대했다.

그러나 이들은 이러한 거부를 제안으로 바꾸지는 못했다. 프랑스 사회 혹은 정계에서 이들을 도와줄 사람이 없었기 때문이었다. 이것에는 이유가 있었다. 베이비붐 세대가 지배적인 프랑스 사회는 젊은이들과 권력의 지렛대를 공유하기 위한 노력을 전혀 하지 않았다. 반면 프랑스 사회는 지금 젊은이들에게 빚을 슬쩍 떠넘기려고 한다.

젊은이들은 어째서 그렇게도 자신의 이익을 제대로 수호하지 못한 걸까? 몇 가지 추측을 해볼 수 있다. 먼저 미래에 대한 두려움 때문에 적극적 노력은 마비되고 보수주의로 돌아섰을 수도 있다. 다른 목적, 특히 정치적 야심을 가진 연령대가 높은 국가지도자들 심지어 학생지도자들이 젊은이들의 권력을 빼앗아갔을 수도 있다. 특히 사회당에서 이런 식으로 정계에 진출한 예가 많다. 또한 공적인 논쟁을 흥미거리로 전락시키는 미디어의 영향력 때문일 수도 있다. '아니오'라고 말하는 것, 즉 원칙적으로는 반대하면서 자신의 입지를 확고히 하는 것이 쉽기 때문이기도 하다. 그리고 18세일 때는 아직도 시간이 많다는 막연한 인식이 있을 수도 있다.

밀렌느 파머(Mylène Farmer)가 중요시하는 '환멸감을 느끼는 세대'는 '……에 대한 반대'라는 방식으로만 자신을 나타내기 때문이다. 파머는 삶이 다른 곳에 있다고 하는데 특히 인도주의운동, 환경보호운동, 인권운동, 문화다양성운동, 빈곤 및 저개발 퇴치운동에서 그러하다. 일부 국가지도자가 공적 도리를 따르지 못하고 지나치게 돈만 중요시하면서 윤리적, 시민적 파산이라는 파괴적 결과가 초래되었다고 파머는 보고 있다. 이러한 면에서 볼 때 1929년 위기로 금융시장이 파괴되었을 때 '할아버지의 파산'은 경제공황보다 훨씬 큰 위험을 내포하고 있었다. 그 위험이란 모든 세대 간의 관계를 확고히 하는 사회적, 도덕적 계약이 깨어지는 것이었다.

젊은이들의 선거참여가 중요한 것은 이 때문이다. 이러한 관점에서 볼 때 한국이나 프랑스에서나 지난 몇 차례 선거에서 젊은 층의 참여율이 높아졌다. 여기에는 몇 가지 이유가 있을 것이다. 먼저 후보들이 예전보다 젊기 때문에 젊은이들은 자신과 관심사가 통하는 후보를 찾을 수 있다. 그 다음 이유로는 인터넷과 휴대폰 문자메시지를 통한 동원효과이다. 그러나 이렇게 젊은이들의 참여율이 높아지기는 했지만 그 영향은 제한적이다. 젊은이들의 투표율은 기성세대에 비하면 여전히 더 낮다. 그런데 이들의 수는 기성세대보다 훨씬 적다. 이는 젊은이들이 선거에서 미치는 영향의 상대적인 가치가 감소한다는 의미이다. 또한 무엇보다도 정당들이 우는 계획에서는 아직 '할아버지의 파산'이 우선순위를 차지한 적이 없다. 한국과 프랑스에서 시민 대다수가 보기에 분명하고 정당한 개혁 프로그램을 실시해야만 젊은이들이 '파산 할아버지'에게 약탈당하는 것을 막을 수 있을 것이고 세대 간 충돌 때문에 사회가 파열하는 것을 막을 수 있을 것이다.

1. 빼앗긴 민주주의

젊은이들이 정치와 결별했다는 첫 번째 증거는 투표등록 거부에 있다. 2004년 3월에 프랑스인 3천9백9십만 명이 투표등록을 했다. 성인 프랑스인 10명 중 9명에 해당하는 수이다. 그러나 18-29세는 그들의 4분의 3만 등록을 했다.

두 번째 증거는 기권이다. 1995년과 2002년 사이 1차 선거 때를 보면 18-24세의 참여율은 이미 10퍼센트포인트(%P) 감소했다. 이때 이후 청년 투표율은 더욱 두드러졌다. 2004년 지역 및 유럽 선거 때 평균 투표율은 세 선거에 걸쳐 57.1퍼센트였다. 그러나 청년 참여율은 이에 훨씬 못 미쳤다. 18-19세의 경우 처음 선거를 해보기 때문에 '가장 동기의식이 많은' 경우가 많은데 52 퍼센트였고, 20-29세의 경우 40퍼센트밖에 되지 않았다!

아무 말도 안 하면 동의하는 것이다. 투표하지 않는 사람도 마찬가지이다. 대대적인 선거불참을 통해 젊은이들은 자신의 정치적 영향력을 약화시키고 있으며 중요한 결정에서 목소리를 낼 기회를 잃고 있다.

그러나 사회학자들이 실시한 '질적' 연구에 따르면 젊은이들은 정치적 관심이 있는데 그 참여형태만 바뀐 것뿐이라고 한다. 조사에 따르면 18-24세 젊은이 중 정치에 관심이 있다고 한 응답자 비율이 다른 연령대와 비슷했다. '정치로 국가와 일상생활 내 중요한 부분을 바꿀 수 있다고 생각하십니까?'라는 질문에 전체 인구는 59 퍼센트가 긍정으로 답한 반면 18-24세는 71퍼센트가 긍정으로 답했다. 심지어 '투표는 중요하기 때문에 반드시 해야 한다고 보십니까?'라는 질문에는 18-24세 중 95퍼센트가 그렇다고 응답했다.

정치적 논쟁의 중요성은 이해하지만 선거라는 중요한 민주적 절차에는 참여하지 않는 역설은 어떻게 설명할 수 있을까? 젊은이들이 보기에 비례대표제가 아니기 때문에 정치지도자들의 대표성이 결여돼있기 때문이고, 정계를 쇄신하려는 노력이 부족하기 때문이다.

이데올로기에 대해 회의론적인 시각을 보이는 프랑스 젊은이들은 구소련 수뇌부 다음으로 유럽에서 가장 (이데올로기가?) 확고부동한 프랑스 지도자들이 자신을 대표한다는 인식을 거의 하지 않는다. 이미 보았듯이 프랑스 국회의원의 평균연령은 60세 정도 된다. 의회제를 실시하는 민주주의국가 중 여성의원 비율은 가장 낮은 축에 속한다. 그러니 정치적 논쟁에서 젊은이들의 관심사가 그렇게도 반영이 안 되는 것이 놀랄만한 일이 아니다. 이는 상대의 이야기를 들으려 하지 않는 사람들 간의 대화이다. 비장하게 그리고 그토록 진심으로 이 대화를 해석한 것이 자크 시라크 전 대통령이다. 시라크 대통령은 유럽 국민투표 유세 시 프랑스 텔레비전 채널 TF1에서 젊은이들과 함께 하는 자리에서 "저는 여러분을 이해할 수 없다"라고 했다.

프랑스 지도자들에게 있어서 '청년'이란 경제문제이기도 하고 사회질서 내 위험요소이기도 한다. 청년

문제를 다룰 때는 최대한 조심해야 한다. 청년들이 어떻게 반응할지 모르기 때문이다. 그래서 프랑스 정권들이 학교문제를 심각하게 다루지 못했던 것이다.

그리고 소위 '사회문제'라는 것을 다루는데 우유부단했던 것이다. 예를 들어 동성결혼문제의 경우 종교적으로 자유로운 프랑스보다 가톨릭인 지배적인 스페인에서 더 거리낌 없이 논의된다. 그뿐만이 아니다. 프랑스 지도자들은 공공질서와 사회통합 문제에 대해 불편해했다.

신기술에 대해서는 어설펐다. 그 예로 P2P에 대한 어수선한 논쟁을 들 수 있다. 네티즌들이 보기에 이 논쟁에서 제시된 법안은 권위주의적인 면을 내세우며 규제에 반대하는 사람들에게 본의 아니게 힘을 실어준 것 같아 보였다. 비슷한 시기에 CPE 논쟁이 일었고 파리 외곽 소요가 있었다. 그 후 얼마 지나지 않아 젊은이들은 정계가 이들에게 확실히 등을 돌렸다는 것을 느꼈다.

제5공화국 때 태어난 현재 50세에 가까운 프랑스

인은 자크 시라크가, 총리로 재임하던 시절과 그 이후 모든 선거에 출마했던 것을 기억한다. 2007년 선출된 새 프랑스 대통령은 제2차 세계대전에 참전한 적도 없고, 식민지전쟁에 참여한 적도 없으며 1968년 5월 학생운동은 텔레비전으로만 지켜보았다. 이는 선진국 중 마지막 사례이다. 이러한 세대교체가 주요 정당의 입후보자 공천 전쟁의 중심에 자리 잡고 있다. 이제 이러한 세대교체가 다음에 있을 총선과 지방선거에서도 이어지기를 바랄 뿐이다.

2. 새로운 정보 스크린

젊은이들의 정보 습득방법도 변화하였다. 젊은이들의 68퍼센트가 텔레비전으로 정보를 얻지만 인터넷이 20퍼센트를 차지하면서 그 역할이 커지고 있다. 이에 반해 일간지를 통한 정보습득은 줄어들고 있다. 1990년대 앵포르마탱(Informatin)의 등장, 무료 일간지의 성공, 외국 유수 일간지의 번영, 마이스페이스(Myspace)에서 스카이블로그즈(Skyblogs)에 이르는 커뮤니티 사이트의 폭발적 발전 등을 보면 기사 쓰는 방법의 변화와 새로운 매체의 등장에 대한 욕구가 있다는 것을 알 수 있다.

1968년 5월에는 미디어법이 대폭 강화되어 젊은이들은 글로 자신을 표현했고, 특히 벽보에 글을 썼다. 텔레비전을 통해 자신을 표현하고 싶기도 하였지만 그것은 꿈에 불과했다. '프랑스의 목소리'는 정부가 통제한다는 것이 엄연한 현실이었기 때문이었다. 라디오도 마찬가지였다. 예외가 유럽1(Europe 1)이었는데 이 방송국만 바리케이드 앞에 있는 학생들을 취재했다.

1980년대 FM 시대가 열리면서 새로운 자유표현의 공간이 만들어졌고 젊은이들은 이 공간을 점령했다. 이들은 스카이록(Skyrock)이나 NRJ 같은 신세대 라디오 방송국이 기존의 거대 방송국과 경쟁하는 것을 목도하였다.

텔레비전에서 뉴스 채널을 제외하고는 정치 이슈만 다루는 프로그램을 드물다. 그리고 자막이나 영상을 업그레이드할 필요성도 여전히 있다. 그러나 초고속 인터넷이 젊은이들이 자신을 표현하고, 서로 의사소통하고, 콘텐츠를 만들고, 정보를 얻는 방식에 미친 영향은 당분간 타의 추종을 불허할 것이다.

미디어 소비와 관련된 세대 간 분열은 매우 분명하다. 16-25세는 텔레비전을 점점 덜 보고 있다. 다른 연령대와 비교하면 텔레비전을 적게 보는 것은 더욱 두드러진다. 그리고 이들은 컴퓨터를 많이 이용한다. 이들은 인터넷 이용에 점점 더 많이 시간을 보내고, 특히 젊은이들 사이에 유행하는 사이트를 방문한다. 또한 개인 블로그를 가진 젊은이들이 많다. 이들은 블로그를 통해 사진, 비디오, 댓글을 공유한다. 젊은이들은 이러한 블로그 활동을 통해 전통적 미디어라는 우회로를 거치지 않는다.

이 새로운 '스크린 세대'에 대한 다른 특징은 '정치 및 일반정보'라 일컬어지는 일간지를 읽는 젊은이

수가 줄어든다는 점이다. 리서치 전문업체인 입소스(IPSOS)의 2003년 3월 조사결과에 따르면 젊은이들은 일간지가 젊은이들의 목소리를 충분히 반영하지 못하고(68 퍼센트) 지나치게 정치적인 관점에서 문제를 다룬다고(80퍼센트) 비판하고 있다. 물론 기존 미디어가 젊은이들의 세계관을 반영하기보다는 젊은이들의 범죄와 시위를 더 많이 다루는 것은 사실이다. 젊은이들이 일간지에 대한 관심을 잃은 것은 단지 신문이 비싸다거나 공급량이 불충분해서가 아니다. 그것은 바로 일간지의 내용 때문이다.

그러나 일간지가 비판을 받는다고 해서 앞으로 '온라인'에 더 치중해야 한다는 뜻은 아니다. 오히려 일간지는 필요한 만큼 형태를 조정해야 하고, 국가는 개입의 범위를 다시 생각해야 한다. 이 점에 있어서 제안사항이 있었다. 예를 들어 모든 18세 젊은이들이 원하는 일간지를 무료로 3개월 동안 구독할 수 있게 하는 방안이었다. 보다 단순하고 비용이 더 적게 드는 다른 조치를 취한다면 대학생들의 일간지 웹사이트 방문을 보다 촉진할 수도 있을 것이다.

기존 미디어가 충분히 반응성을 보이지 않으면 젊은이들은 자신만의 정보공급 매체를 만들어내고 자율권을 확보할 것이다. 이들은 검색엔진과 웹 2.0 사이에서 이들만의 새로운 정보도구를 만들어낼 것이다.

한국의 경우 프랑스보다 신기술로 IT발전이 더욱 활발하게 일어나고 있다. 그리고 한국과 프랑스 사이에는 문화적 공통점도 있다. 한국의 음악, 드라마, 영화로 대표되는 한류 열풍이다. 한류열풍을 보면1960년대 프랑스 영화의 신류(新流;누벨바그;nouvelle v-ague)열풍이 연상된다.

3. 정치적 뉴딜을 위하여

투표 기권 외에 젊은이들이 정치적 불만족을 표시하려는 욕구는 체제에 대한 반대로도 나타난다. 2005년 5월 유럽 국민투표에서 젊은이들 대다수가 부정표를 던졌다. 그런데 여기서 세대차가 두드려졌다. 35세 미만의 55퍼센트가 부정표를 던졌고 60세 이상의 56퍼센트가 긍정표를 던진 것이다.

이렇게 젊은이들이 체제에 반대함으로써 유권자 중 극단층이 생겨나게 되었다. 좌파의 경우 18-24세 젊은이의 15퍼센트가 2002년 대선의 1차 선거에서 극좌파를 지지했다. 반면 전체 유권자 중 10.5 퍼센트가 극좌파를 지지했다. 극우세력도 형성되었다. 2002년 선거에서 18-24세의 16퍼센트가 장-마리 르펜(Jean-Marie Le Pen)[12]을 지지했다. 이렇게 젊은이들이 극우를 우파를 지지하는 것이 유래 없는 일은 아니다. 1995년 대선 때 25세 미만의 18퍼센트가 이미 극우파를 지지한 적이 있고 1993년 총선 때도 비슷한 수치가 나타났었다.

교육수준에 따라 정치적 견해 차이는 두드려진다. 1995년 장-마리 르펜은 대학입학자격이 없는 젊은이들 중 25퍼센트의 지지를 받은 반면, 고등교육을

---

(12) : (1928~) 프랑스 극우 민족주의자로 국민전선의 창립자이자 총재

받고 있는 젊은이들의 4퍼센트만이 르펜을 지지했다. 여기서 주목해야 할 점은 녹색당이 1999년 유럽 선거 때 다니엘 콩-방디(Daniel Cohn-Bendit) 같이 카리스마 있는 인물을 선택하자 젊은이들의 지지율이 18퍼센트를 넘어서서 사회당 후보들과 거의 비슷하게 되었다는 점이다.

이 시기의 새로운 요소는 과거에는 교육받은 젊은이들의 전유물이었던 '급진적' 투표가 자질을 갖추지 못한 사람이나 가정 형편이 어려운 사람들의 피난처가 되었다는 점이다. 이러한 현상은 앞으로도 계속될 것인가 아니면 젊은이들이 여당에 대한 신뢰표를 다시 던지게 될 것인가?

2005년 가을 루이-아리(Louis-Harris) 연구소가 좌파 지지자들이 희망하는 바에 대해 실시한 조사에 따르면 이러한 면에서 흥미로운 사실을 알 수 있다. 조사결과에 따르면 좌파 지지자들이 "좌파는 프랑스인들에게 신뢰를 줄 만큼 현실적이지 못하다"며 대다수가 좌파에 대해 혹평을 하였다. 이들이 가지고 있는 좌우파 구분의 타당성에 대한 회의론, 반세계(화)주의자나 극좌파에 대한 경계심, 국가가 지나치게 영향력을 행사하고 있다는 인식, 질서에 대한 욕구 등이 현대화에 대한 갈망을 설명해준다. 이러한 현대화에 대한 갈망은 2007년 사회당 후보공천 전쟁 때 확인된 바 있다.

좌파의 경우 18-24세의 세대가 윗세대와 다른 점은 보다 급진적인 태도일까? 아니다. 통념과는 반대로 개혁을 지향하는 현실주의가 이들 젊은 세대에서 우세하다. 이 세대에게 주제별로 질문을 해보면 보다 명확하게 상황을 파악할 수 있다.

18-24세의 좌파 지지자들 중 23.4퍼센트만이 반세계주의자들이 미래에 대한 해결책을 제시한다고 본다. 이는 적은 수치이고 전체 좌파 지지자 평균보다 4퍼센트포인트(%P) 적다. 실업자가 세 번 고용에 실패한 후 실업수당을 줄여야 하는지에 대한 질문에 이들 중 62.5 퍼센트가 그렇다고 응답했다. 이는 좌파 지지자 평균보다 7%P가 높다. 실업수당이라는 기득

권을 문제 삼는 것은 예상치 못했던 결과이다. 이와 같은 맥락에서 이들은 대중교통이 파업에 들어갈 경우 최소 운행은 해야 하는지에 대한 질문에는 80퍼센트가 넘는 대다수가 그렇다고 응답했다. 이는 좌파의 평균보다 7%P 높은 수치이며 좌파 전체를 보아도 최소 운행을 지지한다는 것을 알 수 있다.

젊은이들의 4분의 3 정도가 사회보장제도에서 민영기관이 차지하는 부분이 있어야 한다고 응답했다. 이는 좌파 평균보다 6%P가 높다. 그리고 이들의 3분의 2가 넘는 67.5퍼센트가 세금을 줄이고 국가지출을 줄여야 한다고 응답했다. 종합해보면 이들은 통찰력과 실용주의와 더불어 할아버지의 파산에서 벗어나는 길을 모색하는 듯하다.

우파를 지지하는 젊은이들이 희망하는 바에 대해서 위 조사에 상응하는 조사결과는 없다. 그러나 우파에 대한 조사를 하였더라도 응답자들은 같은 신념을 표출했을 것이다. 즉, 변화가 필요하며 사회적 침체는 모두에게 해롭다는 신념이다. 종합해보면 상황을 바꾸고 결국 변화를 이루는 것을 대체적으로 지지한다고 할 수 있다.

젊은이들의 정치적 영향력은 숫자로 측정된다. 199 5년 30세 미만은 유권자 10명 중 2명이었다. 그때 이후 모든 선거에서 프랑스의 고령화는 이들에게 수학적으로 불리하게 작용했다. 이들은 소외되기도 하고 정계가 이들에게 관심을 가져주면 이들도 정치에 관심을 가지기로 결심하기도 한다. 그리고 이들은 다음과 같은 방식으로 정치에 참여해야 할 것이다.

- 투표를 한다. 투표 등록을 많이 하고 투표율을 최대한으로 이끌어내는 것을 전제로 한다. 이런 점에서 볼 때 2005년 파리 외곽의 소요사태 이후 유권자 명단 등록이 대폭 늘어난 점은 고무적이다.

- 노조단체, 정당, 그 외 단체에 참여한다. 그리하여 슬로건과 요구사항을 다른 사람에게 전가하지 않는다.

- 코뮌이나 대규모 지방자치단체 등의 후보자로 출

마한다.

- 거의 참여하지 않던 공적 논쟁을 활성화하기 위해 영향력을 행사한다.

1968년 5월 학생운동에 참여했던 프랑스인들은 젊은이들을 절망에 빠뜨리지 않아야 한다는 것을 누구보다도 잘 알고 있을 것이다. 젊은이들은 주어진 사회에 싫증이 나서 봉기하지는 않을 것이다. 이들이 봉기하는 이유는 미래를 빼앗기고 있다는 데 대한 분노 때문일 것이다. 경제적, 사회적 좌절은 적어도 서정적 착각만큼이나 강력한 반란의 원동력이 될 수 있다. 그러나 혁명은 해결책이 아니다. 노조대표 프랑수아 셰레크(Fran- çois Chérèque)는 이렇게 기술했다. "내가 젊었을 때 나는 혁명가였지만 그때는 시간이 있었다. 지금 나는 시간이 더 이상 없기 때문에 개혁주의자이다."

미래를 향해 달려가는데 어려움을 겪는 젊은이들과 이들의 세계관을 공유하지 못하는 고령화사회 사이에 대화가 다시 시작돼야 한다. 이러한 대화는 발언의 자유뿐만 아니라 경청하고, 행동하려는 의지가 있어야 가능하다. 선거는 이러한 대화를 할 수 있는 민주주의적 기회이다.

그러므로 젊은이들은 선거에 참여해야 한다. 지도자들은 선거를 통해 상황을 바꾸는 용기를 끌어내야 한다. 세대 간 노력을 공정하게 분배해서 개혁을 적극적으로 추진하는 이 좋은 기회를 함께 잡자. 그러면 아마도 '할아버지의 파산'을 피할 수 있을 것이다.

제7장 결론

인도 속담에 이런 말이 있다. "땅은 부모에게서 물려받는 것이 아니라 자녀로부터 빌리는 것이다." 지난 30년 동안 프랑스인들은 자녀들에게 땅을 너무 많이 빌려서 자녀들도 이렇게 후대로부터 빌릴 수 있을지 의문이다.

전 세계가 전쟁, 종교적 무관용, 기근, 세계적 유행병, 핵확산, 기후변화로 인한 위기로 시달리고 있는 이 현실을 볼 때 세계 다른 곳에 비해 프랑스에서 더 편한 청년시절을 보낼 수 있는 것은 사실이고 앞으로도 그럴 것이다. 그러나 할아버지의 파산은 경제적으로도 그리고 도덕적으로도 집단적으로 감수할 수 없는 위험요소이다.

경제적인 차원에서 볼 때 프랑스는 할아버지의 파산 사태를 견딜 수단이 없다. 세계화가 더 진행되고 무한경쟁에 휩싸일 미래 세계에서 프랑스 시스템의 결점은 그 어느 때보다도 더 용납되지 않을 것이다.

자격을 갖추지 못한 활동인구는 오늘날보다 더욱 더 소외될 것이다. 영어는 물론이고, 스페인어, 중국어와 신기술 습득이 주요한 비교우위 요인으로 작용할 것이다. 고등교육과 연구에 대한 투자는 결정적인 역할을 할 것이다. 노동시장 모든 분야에서 교육을 잘 받은 사람뿐 아니라 경력이 풍부한 사람이 대접을 받을 것이다. 이는 노동시장에 진입하는 젊은이들을 더 많이 그리고 더 잘 일하게 해야 한다는 의미이며 동시에 조기퇴직하는 고령자들도 노동시장에서 활용해야 한다는 의미이다.

앞서도 언급했지만 한국의 상황은 여러 면에서 다르다. 그러나 기록적인 속도로 고령화에 접어들고 있는 한국도 젊은이들에게 모든 것을 걸어야 한다는 점에서는 마찬가지이다. 만약 그렇게 하지 않으면 젊은이들은 대우가 더 좋은 국가를 찾아 떠날 것이다. 세계는 넓지만 이제 지구촌 시대이다. 파리와 서울의 젊은이들은 점점 더 같은 희망, 같은 욕구, 같은 요구사항을 가지게 될 것이므로 이러한 사항을 부인하는 것은 일종의 무분별이며 이는 용납될 수 없다.

경제적 차원에서 볼 때 프랑스는 수단이 없다. 시민도덕 차원에서 볼 때도 프랑스는 권리가 없다. 파산한 할아버지는 곧 민주주의와 공화국의 가치에 대한 부인이기 때문이다. 파산한 할아버지는 프랑스 혁명의 3대 정신인 자유, 평등, 박애와는 거리가 멀다. 먼저 자유와 거리가 멀다. 젊은이들은 위 세대가 초래한 사실을 받아들여야 하기 때문이다. 평등과도 거리가 멀다. 평등의 가치와는 반대로 세대 간의 불평등이 조장되기 때문이다. 또한 박애와도 거리가 멀다. 기득권이라는 기치 하에 다음 세대와 전 세계에 교착상태가 초래되기 때문이다.

모든 시대에 청년의 위기는 한 국가의 위기를 보여주는 징표였다. 청년의 위기가 미래를 준비하는 방향으로 나아간다면 그 위기는 긍정적이다. 세대 간의 연대가 이루어지는 사회에서 프랑스와 한국의 젊은이들의 열망을 행동으로 옮기고 표현할 때가 왔다. 젊은이들은 잘못된 계약에 서명하지 않겠다고 다짐해야 한다. 어쨌든 혼자서 그 계산서를 지불하지 않겠다고 다짐해야 한다. 젊은이들은 모두 라퐁텐의 우화를 읽었다. 이들은 매미 세대를 위해 개미 역할을 하지 않을 것이다.

지금까지 파산 할아버지를 막기 위해 필요한 개혁들에 대해 논해보았다. 작금의 상황이 무한정 은폐될 운명일까? 보수당이 사회정의를 실현하고 젊은이들에게 신뢰감을 준다는 믿음을 갖는 것은 어려운 운명인가? 민주당이나 진보당이 개량주의(13)의 결과를 감당하기에는 너무 소심해서 지극히 급진적인 사람들, 시장을 거부하는 사람들에게 여론에 대한 영향력을 넘겨줄 운명인가? "우리는 더 일할 것이고, 세대 간 책임을 재분배할 것이며, 국가를 개혁할 것입니다."라고 단언하는 후보에 대해 공무원, 퇴직자, 은퇴시기가 다가오는 베이비붐 세대가 같은 적의를 품고 서로

---

(13) : 사회체제의 근본적인 변혁을 시도하지 않고 자본주의의 모순과 결함을 점진적으로 개선하려는 사회사상이자 사회운동

결속하는 것이 확실한가? 이것이 우리가 미끄러지고 있는 언덕이라면 '현재의 즐거움에 대한 맥 빠진 사랑'이 우리 젊은이들의 미래와 싸워서 이겼다는 뜻이다. 토크빌은 150년 전 이미 이러한 '맥 빠진 사랑'의 승리를 규탄한 바 있다.(본서의 맨 처음을 보라.)

그렇다면 출발이 잘못된 것이다. 개혁은 비밀리에 혹은 대규모로 이루어지지 않을 것이기 때문이다. 개혁은 대중의 지지가 있어야 이루어질 수 있다. 1981년 프랑스에서 여론조사결과가 부정적이었음에도 불구하고 사형제도가 폐지되었을 때처럼 말이다. 2009년 이후에 할아버지의 파산 현실을 규탄하고 이에 맞서 싸울 리더십이 있을까?

1992년 민주당 예비선거 당시 아칸소(Arkansas) 주지사에 '불과'했고 공천에 있어서 '아웃사이더'였던 빌 클린턴 전 미국 대통령은 오대호(Great Lakes) 지역에서 자동차 노조대표를 만나게 되었다. 당시 자동차 노조의 주요 우려사항은 일본 경쟁업체의 추격이었다. 따라서 자동차 노조는 클린턴 후보에게 일본

자동차에 대한 보호주의에 대해 질문했다.(당시 '경제적 애국주의'라는 말은 하지 않았다.) 클린턴 후보는 간결하게 대답했다. "여러분이 보호주의에 대해 들었다는 것은 압니다. 하지만 저는 그런 말을 하지 않을 것입니다. 그런 말을 하면 여러분에게 거짓말을 하는 것일 테니까 말입니다. 우리의 유일한 보호책은 우리의 경쟁력과 우리의 노하우이고 그것이 저의 경제계획의 방향입니다."

케네디 전 대통령은 다음과 같은 유명한 연설을 했다. "국가가 여러분을 위해 무엇을 해줄 수 있는지를 묻지 말고, 여러분이 국가를 위해 무엇을 할 것인지 물으십시오." 클린턴 전 대통령은 현대판 케네디 연설을 통해 시류에 편승하지 않는다는 것을 보여줌으로써 대통령이 될 자질이 있음을 증명한 것이다.

이는 프랑스와 다른 국가에서도 적용된다. OECD의 2007년 한국에 대한 경제연구를 보아도 상황은 다르지 않다. 사실 이 연구는 활동인구 수, 특히 여성 활동인구 수 증가를 촉진하는 동시에 출산율을 줄이는 모든 장애요인을 제거하라고 권고하고 있다. 한국 정부가 747 정책을 통해 비약적인 발전을 하려면 경제성장을 위해 불가피하게 증가하는 비용의 영향을 주시하는 한편 사회적 지출 또한 잊어서는 안 된다.

대부분의 국가는 같은 선택의 기로에 놓여있고, 예기치 못했던 '인구 고령화'라는 같은 문제에 봉착해 있다. 그리고 이 선택이 바람직한 방향으로 이루어지고- 2004년 슈뢰더(Schroeder) 전 독일 총리가 했듯이 - 긍정적인 효과가 나온다 하더라도 선거를 통해 이러한 선택을 얼마든지 다시 문제 삼을 수 있다.

앞서 언급한 개혁의 전부 혹은 일부도 하지 않고 국민들을 할아버지의 파산은 피할 수 있다는 착각에 빠뜨리는 것은 분명 비겁한 행동이다. 민중선동책이 선거에서도 긍정적인 결과로 나타날지 확실하지 않기 때문에 반드시 수완이 좋은 책략만은 아니다. 21세기의 첫 번째 10년이 지나가는 시점에서 겪는 경제위기라는 측면에서 생각해볼 때 이는 더욱 어렵다.

프랑스, 한국 그리고 다른 국가의 성인들 내면에는 과거의 사회모델을 더 이상 유지할 수 없다는 심리가 깔려있다. 그리고 젊은이들을 약탈하는 보수주의는 국가의 도약을 저지하는 한편 국가에 대한 소속감을 약화시키는 여러 가지 요소들과 같은 성질의 것이라는 것도 알고 있다. 한국은 비경제활동인구가 대폭 증가하고 있는 상황이다. 그러나 한국인들은 근본적인 개혁 없이는 활동인구가 급격히 줄어들 뿐이라는 것을 알고 있다.

피에르 망데스 프랑스(Pierre Mendès France)는 이렇게 기술했다. "인간의 역사를 보면 어떤 포기, 어떤 희생은 단지 최악의 상황에 대비하는 보험금 역할만 하는 것이 아니라 일종의 투자라고 감히 말하는 바이다. 개인을 위한 가장 행복하고 가장 현명한 투자는 분명 전체 공동체의 발전과 번영에 투자하는 것이기 때문이다."

오늘날 다시 이러한 현명한 투자를 하기 위해서는 무엇이 바뀌어야 할까?

아마도 젊은이들과 단절된 사회는 결국 화살이 자신에게 돌아온다는 인식이 있어야 한다. 그리고 세대적 이기주의는 프랑스, 한국 혹은 어떤 21세기 현대국가에서도 경제모델의 기반이 될 수 없다는 인식이 있어야 한다.

노조가 하는 일은 젊은이들과 실업자에 대항하여 임금노동자들만을 옹호하는 것이 아니라는 것을 인식해야 한다.

제어되지 않는 자유주의는 전체 윤리를 파괴한다는 것을 인식해야 한다. 사회보장제도는 정부지원과 민간지원이 결합된 형태여야 한다는 인식이다.

국가가 새로운 세대를 통솔하게 되었다는 것은 모두를 패자로 만들 세대 간 충돌이 아닌 세대 간 연대가 이루어지는 방향으로 사회계약을 재검토할 역사적인 기회라는 인식을 가져야한다.

프랑스에서나 한국에서나 젊은이들도 바뀌었다. 이들은 이미 존재하는 세계와 이들이 기대하는 사회에 대한 명확한 비전이 있다. 이들은 인터넷에 접속

하고 휴대폰으로 연락하며 같은 문화현상을 공유한 다. 이들은 여러 가지 사회적 결정들이 세부 비전에 서 벗어난다는 것을 알고 있다. 이는 환경, 이민, 폭 력근절, 영양실조, 저개발 문제에서 특히 그러하다. 이들에게 유럽은 새로운 국경이고 세계화는 전례 없 는 도전 과제를 담고 있다.

이들은 사회모델이 무너지기 전에 재건해야 한다 는 것도 이해하고 있는 중이다. 그렇지 않으면 이들 이 손해배상을 해야 하기 때문이다. 유토피아와 현실 주의의 조화는 이들의 큰 계획의 근저에 자리 잡고 있다. 지금, 바로 여기서 다른 세대의 참여를 유도하 면서 이 계획에 돌입하는 것 또한 중요하다.

이를 위해서는 모든 국가, 모든 대륙에서 매번 이 러한 기대에 부합할 수 있는 정치지도자가 필요할 것 이다. 그래서 용기, 지속성, 공공의 이익 추구, 사회 정의 의 추구와 더불어 개혁할 능력을 인정받는 정치 지도자가 있어야 한다. 망데스 프랑스의 합리적 이상 주의가 토크빌의 이치를 따진 회의론보다 우세하도록 하기 위해서이다.

따라서 프랑스나 다른 국가에서나 젊은이들이 다음 선거 때 중요한 선택에 대해 압력을 가하는 것이 중요한 것이다. 프랑스인들은 1968년 5월부터 현실주의자가 된다는 것은 불가능한 것을 요구하는 것이라는 것을 알고 있다. 따라서 향후 몇 년 동안 젊은이들을 더 이상 실험대상으로 삼지 않는 성장을 회복하고, 기회의 균등을 회복하고, 모든 세대 간 책임을 확실히 공정하게 분배하는데 초점을 맞추도록 요구하자.

이것은 가능하다. 이것은 필요하다.

이것은 파산 할아버지를 막기 위하여 치뤄야 할 값이다.

서울에서, 파리에서 그리고 다른 곳에서도……

편집후기

　유능한 상속자는 '재고조사'부터 시작한다고 하였다. 본서 <Papy Krach>는 부모 세대의 파산으로 다음 세대에 부(負)의 유산을 남기는 불행한 역사부터 관찰하여, 현 세대가 처한 상황을 명확하게 파악하고 그 해결 방안을 제시하고 있다. 특히 본는 비판 근거로서 '인구문제'의 차원이 주요하게 등장한다.

　즉 첫째, 전후 베이비붐 세대가 이제 고령화에 진입하여 막대한 재정비용을 필요로 하고, 둘째 이를 부담해야할 젊은 세대는 저출산 시대를 맞아 인구비례상 고령자 부양능력이 한계상황에 이르렀으며 셋째, 젊은이들을 위한 교육제도가 사회의 필요와 불일치하여, 교육개혁 없이는 이들의 미래가 보장되지 않는다는 주장을 하고 있다.

　저자는 프랑스의 인구문제를 심각하게 생각하고 있지만, 실제로 프랑스는 전후에 전쟁의 참상을 딛고 일어서서 오늘날 근대화를 이룩한 모범국가로서 우리나라가 벤치마킹해야할 점이 많다. 프랑스는 우리의 우울했던 역사와 유사하게 지난 1세기에 걸쳐 독일에 의해 5차례나 점령당한 적이 있다. 소르본느 대학 벽에 새겨져 있는 수많은 학생들의 전사자 명단은 영원히 프랑스 젊은 이들의 모티브가 될 것이다. 지스까르 데스땡 대통령은 프랑스 경제사회 6차 계획을 실시하면서 국회에서 "우리는 조상들의 값비싼 희생의 대가로 나라를 지켜왔다. 우리는 세계 어느 나라에도 패배해도 좋으나, 독일만은 이겨야 한다. 시장에서 국제사회 어디에서도, 모든 부문에서 이겨야 한다. 그러기 위해서는 6차 계획을 실현해야한다"는 유명한 연설로 만장일치의 국회비준을 얻었다. 프랑스는 오늘날 방위산업, 우리가 기술제휴 한 테제베 고속전철과 인공위성, 식품, 관광, 패션 등 각 분야에서 세계정상급의 경쟁력을 과시하고 있다.

우리는 초저출산율을 기록하여 인구 재앙에 대해 염려하고 있다. 그러나 인구문제 뒤에는 세대 간의 경제문제가 숨어있고 이러한 경제문제 뒤에는 정치적으로 젊

은 세대가 과소대표돼 버리거나 젊은이들조차 무엇이
자신들의 이익에 합당한지 몰랐다는 문제가 숨어있었다.
저자는 인구학적 통찰을 통해 우리가 흔히 간과해왔던
젊은 세대에 대한 국가의 불편부당한 정책들을 맹렬하
게 비판하고 있다.

본서는 인구문제에 있어서 우리와 상황이 비슷한 경
제대국 프랑스의 사례를 통해서 우리가 향후 10년 내에
직면하게 될 위기들에 대비할 수 있는 정책방향을 제시
하고 있어 우리 모두에게 귀중한 지침서가 될 것이라
믿는다. 본서 편집에 참여해준 강혜진 양, 변영효 양과
조민영 양에게 감사한다.

역자

박은태, 장경주

참고문헌

«정치를 하거나 계속 하거나(Faire ou durer en politique)», Le Monde 2004년 6월 11일자, Roger Fauroux et Bernard Spitz.

«2050년 프랑스 인구전망(Projections de population pour la France métropolitaine àl'horizon 2050)», Insee, n°1089, 2006년 7월.

2002-2003 프랑스 사회 데이터(Données sociales 2002-2003, la société française), Insee, Chantal Brutel et Laure Omalek.

조부모의 봄(Le Printemps des grands-parents), Ségolène Royal, Laffont, 1987.

2050년 세계인구, 유엔 장기 인구전망(La Population mondiale en 2050, les projections démographiques des Nations unies à long terme), Julien Damon, Futuribles, n°300, 2004년 9월.

2002-2003 프랑스 사회 데이터(Données sociales

2002-2003, la société française), op. cit.

노동자 대체 경쟁(The race to replace workers)»,
Mark Fritz, Wall Street Journal, 2006년 8월 17일
자.

«2050년 유럽인구변화(Evolutions démographiques
en Europe à l'horizon 2050)», R.La lettre du CE
PII, n°219, 2003.

그 아버지에 어떤 아들?(Tels pèresÉ quels fils),
Pascale Weil, Editions Eyrolles, 2006.

«개인주의와 사회적 유대(Individualisme et lien
social)», 정치, 사회 문제(Problèmes politiques et
sociaux), n°911, La Documentation française,
2005.

«임금 노동자 중 가난한 가정을 더 많고 퇴직 중에는
적다(Plus de ménages pauvres parmi les salariés,
moins chez les retraités)», Insee première,
mars(J.-M. Hourriez, N. Legendre, R. Le Verre),
2003년 세금 소득 관련 Insee-DGI 수치로 현실화.

«대학생들이 가장 가족의 지원을 많이 받는다(Les étudiants sont les plus aidés par leurs familles)», Insee, 2002년 2월, Isabelle Robert-Bobée.

조부모. 세대 간에 걸친 가족(Grands-parents. La famille à travers les générations), C.et M.Odile Jacob, 1998.

우리의 현대시대(Nos temps modernes), Daniel Cohen, Flammarion, 1999.

DRESS 395번(Note 395 de la DRESS), 2004년 4월.

프랑스 게토(Le Ghetto français), Eric Maurin, Seuil/la République des Idées, 2004.

«교육, 위험에 처한 미래(Education, l'avenir en danger)» dans Etat d'urgence, par René Silvestre, Robert Laffont, 2004.

«1992년과 2004년 사이 가구 간 재산 격차(Les Inégalités de patrimoine des ménages entreet)», Marie Cordier, Cédric Houdré, Catherine Rougerie,

Données sociales, 2006.

«재산(Patrimoine)» dans Les Echos du 10/08/06.

'평등'을 주제로 한 리베라시옹(Libération) 2001년 6월 28일자 혹은 리베라시옹 2006년 2월 24일자

«토니 블레어에 대한 찬사(Eloge de Tony Blair)», Eric Le Boucher, 경제적으로 틀린 것 (Economiquement incorrect), Grasset, 2005.

충격(Le Sursaut), rapport du groupe de travail présidé par Michel Camdessus, La Documentation française, 2004.

우리 미래의 재정에서 서비스에 이르기까지(Des finances au service de notre avenir). Rapport du groupe de travail présidé par Michel Pébereau, La Documentation française, 2005.

추락하는 프랑스(La France qui tombe), Nicolas Baverez, Perrin, 2003.

부록 1

1968년 이후 프랑스 내 학생운동

1969: 프랑스 대학입학자격의 여파에 반발한 인문대 파업

1970: 선발제에 반발한 의대 파업

1971: 직업교육센터 창립에 반발한 인문계 학생 파업

1973: 드브레(Debré) 법과 2년제 대학과정에 반발한 시위

1976: 소니에―세이테(Saunier―Seïté)의 학사, 석사 과정 개혁안에 반발한 총파업

1979: 벨(Veil) 법과 인종 관련 쿼터제에 반발하는 의대생 파업

1980: 학생증에 반발하는 파업 및 앵베르(Imbert) 법령에 반발하는 외국인 학생 옹호 시위(5월)

1983: 사바리(Savary) 개혁과 학부제도에 반발하는

시위와 파업, 인종 관련 쿼터제에 반발하는 의대생
파업

1986: 드바케(Devaquet) 법(대학 선발제, 등록금 인
상, 장학금 수여, 대학 자율권 강화)에 반발하는 시
위와 총파업

1987: 신학기 예산여건에 반발한 파업

1991: 조스팽(Jospin)의 학부과정 개혁에 반발한 시
위

1994: 직업편입계약(CIP)과 대학을 갓 졸업한 젊은
이들이 최저임금 이하를 받을 수 있도록 하는 청년들
을 위한 최저임금제(SMIC)(지로(Giraud) 계획)에
반발한 파업

1995: 로랑(Laurent) 보고서와 바르데(Bardet) 공문
(대학생 학자금 대출)에 반발한 파업, 쥐페(Juppé)의
사회보장제도 개혁 계획에 반발한 사회운동 관련 수
단에 대한 총파업 1996: 루앙(Rouen)에서 시작된 예
산 및 수단부족에 반발한 파업

1998: 산학협력을 통한 고급인력 양성을 골자로 하

는 U3M 계획과 알레그르(Allègre)의 고등교육개혁에 반발하는 파업(근원지: 몽플리에(Montpellier)와 툴루즈(Toulouse)

1999: 문학 및 인문과학과정 개설을 위한 낭트대학교(université de Nantes) 내 운동

2001: 보다 충분한 수단을 위한 그리고 민영화 논리에 반발하는 파업 및 운동

2002: 학사, 석사, 박사 유럽 내 학점 인정 시스템(LMD-ECTS) 개혁에 반발하는 시위, 5,000개 교육보조(MI/SE)직의 제거에 반발하는 시위, 다수 아카데미가 '갱신 가능한' 파업에 돌입

2003: MI/SE직 종사자와 청년 종사자들의 파리에서의 국가 시위, 퇴직연금을 수호하고 지방분권에 반발하는 운동, 대학 자율화와 LMD-ECTS 개혁에 반발하는 파업

2004: 낭테르대학교(université de Nanterre) 내 공공안전정책에 반발하는 시위

2006: 최초고용계약(CPE) 철회, 신고용계약(CNE)

폐지, 중등교원자격증(CAPES) 소지자 임용 확대를
요구하는 고등학생 및 대학생 시위, 60여개 대학 파
업

폐지, 중등교원자격증(CAPES) 소지자 임용 확대를
요구하는 고등학생 및 대학생 시위, 60여개 대학 파
업

부록 2

상하이 순위

　2003년부터 중국상하이교통대학교는 매년 전 세계 500개 우수대학 순위를 발표하며 결과는 미디어를 통해 대대적으로 공개된다. 프랑스 대학은 46위에 가서야 나타나며 미국(17개 대학이 20위권 내에 진입)이나 영국에 비해 뒤쳐진다.

　2005년에도 그 전해와 마찬가지로 프랑스에서 가장 순위가 높은 대학은 파리6대학(Paris 6)(쥬시에(Jussieu))으로 46위를 차지하였다. 그 외 100위 권에 진입한 프랑스 대학은 파리11대학(Paris 11)(오르세(Orsay))과 고등사범학교(ENS) 밖에 없으며 2006년에는 스트라스부르1대학(Strasbourg1)도 100위권 안에 들었다. 유럽 대학들끼리만 비교해보아도 파리6대학은 8위 밖에 되지 않으며 파리11대학은 16위, 파리5대학(Paris 5)과 파리7(Paris 7)대학은 공동 57위이다.

프랑스 대학들의 상하이 순위

세계 순위	유럽 순위		질	입상 한 교수	언급 된 교수	논문 N&S	논문 인덱 스	규모	Scor e
46	8	파리6대학	35.7	23.9	23.6	24.2	51.2	30	**32**
61	16	파리11대학	33.2	34.2	13.6	19.6	44.9	27.9	**29.4**
93	31	파리 ENS	47.8	25	13.6	18.1	27.2	23.3	**24.6**
153~ 202	57-79	그르노블 1	6-8	0	15.8	11.1	14.4	32.5	**17.2**
153~ 202	57-79	파리5대학	16	12.2	11.1	12.4	27.8	15.5	**16**
153~ 202	57-79	파리7대학	6-8	18.2	14.1	11.1	15.6	34.5	**18.6**
203~ 300	80- 123	에콜폴리테크 니크	18.2	14.1	11.1	15.6	34.5	18.6	**18.2**
301~ 400	124- 168	파리9대학	–	27.3	7.9	–	10.5	12.9	

*각각의 점수는 100점 만점임

평가방식에는 이론의 여지가 있다. 대학을 평가할

때 교육보다 연구에 더 중점을 두기 때문이다. 평가 관계자조차도 교육은 평가하기가 어렵다고 한다. 따라서 프랑스 대학들은 대규모 연구단체(CNRS, INSERMÉ)가 지배적인 역할을 수행하기 때문에 평가에서 불리할 수 있다. 이 평가에서는 과학연구를 우선시하고 '문학' 대학의 성과는 주목을 받지 못한다. 게다가 논문 발간에 있어서도 앵글로색슨계 대학이 유리하다.

이러한 방법론적 측면이 있기는 하지만 어쨌든 이 순위는 프랑스 대학이 세계적으로 충분히 부각되지 못하고 있다는 점을 나타냈다. 이와 동시에 프랑스 대학에 대한 재정지원 부족도 지적할 수 있다. MIT의 경우 학생당 지원금이 121,220 유로인 반면 파리 11대학은 학생당 4,236 유로로 큰 차이가 난다.

상하이 대학평가에는 네 가지 지표가 사용되며 각 지표마다 퍼센티지가 정해져있다.

교육의 질(10 퍼센트): 해당 대학 학사, 석사, 박사학위 소지자 중 노벨상 수상자 및 필즈상 수상자

수

　교원의 질(40 퍼센트): 노벨상 및 필즈상 수상자 수(20 퍼센트)와 21개 분야에 인용된 연구자 수(20 퍼센트)

　연구실적(40 퍼센트): <네이처>(Nature)지, <사이언스>(Science)지에 발표 여부, 과학 및 사회과학 지표

　교육기관 규모(10 퍼센트): 교육기관 규모에 비교한 학문적 성과

세대간의전쟁

초판 1쇄 발행 2009년 6월 26일

지은이 | 베르나드 스피츠(Bernard Spitz)
옮긴이 | 박은태 · 장유경
펴낸이 | 박은태
펴낸곳 | 도서출판 (주) 경연사

등록 | 제17-295호
주소 | 파주시 교하읍 문발리 507-10 파주출판도시
　　　　　서울시 강동구 성내2동 163-16경남빌딩702호
전화 | 02-488-0175, 031-955-7654
팩스 | 02-475-3195
홈페이지 | www.genyunsa.com
이메일 | kipp0175@hanmail.net

ISBN 978-89-93070-03-3 93300

값 10,000원

* 잘못 만들어진 책은 교환해 드립니다.